25일 완성 계획표

1. 25일 동안 이 책을 공부하는 데 알맞은 학습 진도표입니다.
2. 공부한 날짜를 적고, 정해진 페이지를 찾아 공부한 뒤 '확인'에서 스스로 만족도를 체크합니다.

공부한 날			공부한 내용	틀린 부분	확인
Day 01	월	일	1. 단어의 분류 8~13쪽		☺ ☹
Day 02	월	일	1. 단어의 분류 14~17쪽		☺ ☹
Day 03	월	일	1. 단어의 분류 18~21쪽		☺ ☹
Day 04	월	일	2. 단어의 의미 관계 22~27쪽		☺ ☹
Day 05	월	일	2. 단어의 의미 관계 28~31쪽		☺ ☹
Day 06	월	일	2. 단어의 의미 관계 32~35쪽		☺ ☹
Day 07	월	일	2. 단어의 의미 관계 36~39쪽		☺ ☹
Day 08	월	일	3. 품사 40~45쪽		☺ ☹
Day 09	월	일	3. 품사 46~49쪽		☺ ☹
Day 10	월	일	3. 품사 50~53쪽		☺ ☹
Day 11	월	일	3. 품사 54~57쪽		☺ ☹
Day 12	월	일	4. 문장 성분 58~63쪽		☺ ☹
Day 13	월	일	4. 문장 성분 64~67쪽		☺ ☹
Day 14	월	일	4. 문장 성분 68~71쪽		☺ ☹
Day 15	월	일	5. 문장의 표현 72~77쪽		☺ ☹
Day 16	월	일	5. 문장의 표현 78~81쪽		☺ ☹
Day 17	월	일	5. 문장의 표현 82~85쪽		☺ ☹
Day 18	월	일	5. 문장의 표현 86~89쪽		☺ ☹
Day 19	월	일	5. 문장의 표현 90~93쪽		☺ ☹
Day 20	월	일	6. 음운과 음운 변동 94~99쪽		☺ ☹
Day 21	월	일	6. 음운과 음운 변동 100~103쪽		☺ ☹
Day 22	월	일	6. 음운과 음운 변동 104~107쪽		☺ ☹
Day 23	월	일	6. 음운과 음운 변동 108~111쪽		☺ ☹
Day 24	월	일	6. 음운과 음운 변동 112~115쪽		☺ ☹
Day 25	월	일	문법 마무리 평가 116~120쪽		☺ ☹

고학년이 될수록 많이 나오는 국어 문법 개념과 용어가 너무 어려워요.

초고필 국어 문법 동영상 강의만 있으면 어려운 국어 문법 개념과 용어도 쉽게 이해할 수 있단다.

혼자서도 공부할 수 있을까요?

무료 스마트러닝에 접속하면 쉽게 뜻을 설명해 주는 강의가 있으니 혼자서도 공부할 수 있단다.

문법 동영상 강의 무료 제공

무료 스마트러닝

교재 표지에 있는 QR코드를 찍으면 스마트러닝에서 강의를 무료로 이용할 수 있습니다.

동영상 강의와 함께 중학교를 미리 준비하는 초고필 시리즈

국어 독해 지문 분석 강의 / 수능형 문제 풀이 강의

- 지문 분석 강의를 통해 작품을 제대로 이해
- 수능형 문제 풀이를 들으며 어려운 독해 문제도 완벽하게 학습

국어 문법 문법 강의

 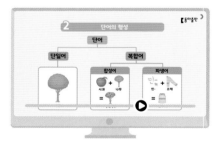

- 어려운 문법 지식도 그림으로 쉽고 재미있게 강의
- 중등 국어 문법을 위한 초등 국어 기초 완성

국어 어휘 어휘 강의

 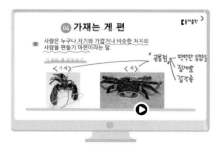

- 관용 표현과 한자어의 뜻이 한 번에 이해되는 강의
- 각 어휘의 유래와 배경 지식을 들으며 재미있게 이해

유리수의 사칙연산 / 방정식 / 도형의 각도
수학 개념 강의

 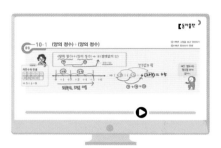

- 25일만에 끝내는 중등 수학 기초 학습
- 초등 수학과 연결하여 쉽게 중등 수학 개념 설명

한국사 자료 분석 강의 / 한국사능력검정시험 대비

 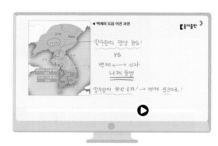

 한국사 개념을 더욱 완벽하게 학습할 수 있는 한국사 자료 분석 강의

- 개념 학습, 기출 문제, 모의 평가로 구성된 한국사능력검정시험 대비 특강
- 효과적인 10일 스케줄 강의 구성

지금, 국어 문법을 해야 할 때

중학생이 되기 전, 국어 공부 무엇을 해야 할까요?

중학생이 되기 전 해야 할 국어 공부에는 무엇이 있을까요? 흔히 국어 능력을 향상하기 위한 방법으로 독서를 떠올립니다. 독서를 통해 독해력과 어휘력을 향상시킬 수 있기 때문입니다. 그런데 독해력과 어휘력만으로 난이도가 급격히 높아지는 중등 국어를 대비할 수 있을까요? 중학생이 되기 전 국어 공부, 무엇을 더 해야 할까요? 독해 학습, 어휘 학습만으로는 부족합니다. 바로, 국어 문법을 함께 공부해야 합니다.

독해 ┈┈┈▶ 어휘 ┈┈┈▶ 문법

국어 문법은 무엇인가요?

국어 문법의 사전적 정의는 '국어의 단어가 서로 관계를 맺어서 문장을 이루는 법칙'입니다. 즉, 국어 문법이란 국어 전체를 아우르는 법칙입니다. 따라서 국어 문법을 알아야 단어와 문장을 제대로 이해하고 글을 바르게 해석할 수 있으며 글쓰기 학습의 기초를 쌓을 수 있습니다. 또한 국어 문법을 알면 맞춤법과 띄어쓰기도 바르게 할 수 있게 됩니다.

예시

성취 기준 단어의 짜임과 새말의 형성 과정을 탐구하고 이를 국어 생활에 활용한다.

다음 문장을 형태소로 바르게 나눈 것은 무엇입니까? (   )

> 봄에는 꽃이 활짝 핀다.

① 봄에는 / 꽃이 / 활 / 짝 / 핀다
② 봄 / 에는 / 꽃이 / 활 / 짝 / 핀다
③ 봄에 / 는 / 꽃 / 이 / 활짝 / 핀다
④ 봄 / 에 / 는 / 꽃 / 이 / 활짝 / 피- / -ㄴ다
⑤ 봄 / 에 / 는 / 꽃 / 이 / 활짝 / 피- / -ㄴ- / -다

위의 성취 기준을 반영하여 아래와 같은 문법 문제가 출제될 수 있습니다.

그럼, 초등 국어 교과서에서는 문법을 다루지 않는 것일까요?

초등학교 교육과정에서도 국어 문법 교육이 이루어집니다. 다만 학년별로 학습하는 문법 요소들이 다르고, 읽기·듣기·말하기·쓰기 등 국어의 다른 분야와 함께 통합적으로 다루어지기 때문에 중학교에서 문법을 처음 배우는 것처럼 느껴지는 것입니다. 이렇게 초등학교 교육과정에서 배운 국어 문법은 중학교 국어 문법으로 심화되어 연계됩니다.

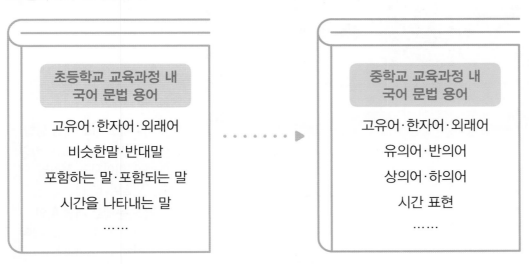

초등학교 교육과정 내
국어 문법 용어

고유어·한자어·외래어
비슷한말·반대말
포함하는 말·포함되는 말
시간을 나타내는 말
……

중학교 교육과정 내
국어 문법 용어

고유어·한자어·외래어
유의어·반의어
상의어·하의어
시간 표현
……

국어 문법을 잘하려면 어떻게 해야 할까요?

초등학교 국어에서 중학교 국어로 넘어가며 학습의 난이도가 크게 높아집니다. 국어 문법 역시 내용이 확장되고 심화됩니다. 따라서 난이도가 높아지는 국어 문법에 대비하기 위해서는 초등 고학년부터 국어 문법을 학습해야 합니다. 국어 문법은 독해나 어휘 학습으로 가능하지 않습니다. 별도로 국어 문법 학습이 이루어져야 합니다. 초등학교 고학년부터 국어 문법을 시작해야 탄탄한 국어 기초 능력을 다질 수 있고, 중학교 국어 문법에도 대비할 수 있습니다.

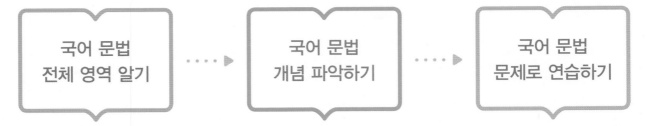

국어 문법
전체 영역 알기

국어 문법
개념 파악하기

국어 문법
문제로 연습하기

이 책은 이렇게 구성되어 있어요!

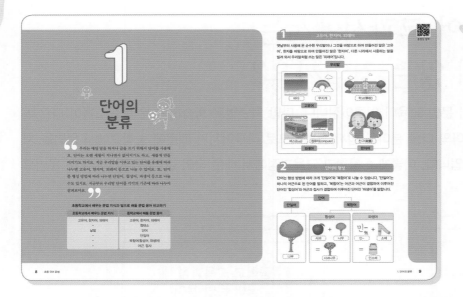

그림으로 문법 영역 미리 보기
- 하나의 문법 영역 전체를 소주제로 나누어 미리 볼 수 있습니다.
- 각 소주제를 그림으로 구성하여 재미있게 읽을 수 있습니다.

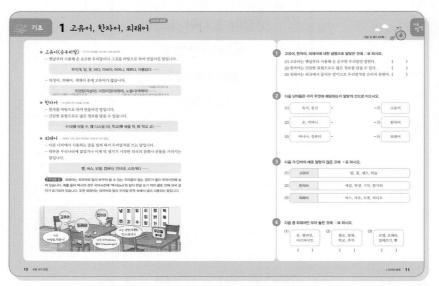

이미지로 기초 개념 정립
- 문법 기초 개념을 익히고 이미지로 정리할 수 있습니다.

기초 문제로 개념 확인
- 기초 문제로 개념을 확인할 수 있습니다.

독해 속 문법
- 지문을 통해 문법 지식을 적용해 볼 수 있습니다.

쓰기 속 문법
- 문법 지식을 활용해 쓰기를 할 수 있습니다.

어려운 문법 지식을 쉽고 재미있게 배울 수 있는 **QR 강의**가 들어 있어요!

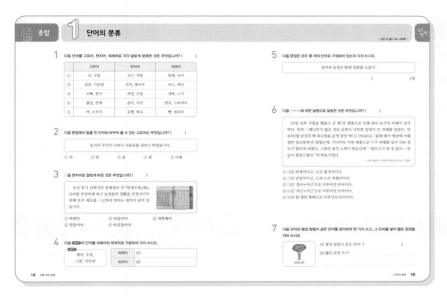

다양한 문제 유형을 통해 문법 정리
오지선다, 지문 독해, 쓰기 등 다양한 유형의 문제를 통해 문법 지식을 정리하고 활용할 수 있습니다.

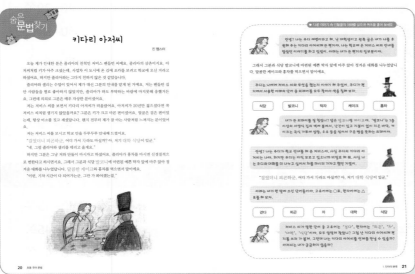

이야기 속 숨은 문법 찾기
이야기를 읽고, 주인공들이 나눈 대화를 통해 글에 담긴 국어 문법을 찾고 간단한 퀴즈도 풀어 볼 수 있습니다.

어려운 문법 문제, 어떤 과정을 통해 풀 수 있을까요?

문법에 특화된 정답 및 풀이!

어려운 문법 문제, 풀이 과정 및 도움 지식을 함께!
종합·평가 부분은 실제로 문제 풀이를 하는 과정 및 문제 풀이에 도움이 되는 정보를 담았습니다.

1

단어의 분류

" 우리는 매일 말을 하거나 글을 쓰기 위해서 단어를 사용해요. 단어는 오랜 세월이 지나면서 없어지기도 하고, 새롭게 만들어지기도 하지요. 지금 우리말을 이루고 있는 단어를 유래에 따라 나누면 고유어, 한자어, 외래어 등으로 나눌 수 있어요. 또, 단어를 형성 방법에 따라 나누면 단일어, 합성어, 파생어 등으로 나눌 수도 있지요. 지금부터 우리말 단어를 각각의 기준에 따라 나누어 살펴보아요. "

초등학교에서 배우는 문법 지식과 앞으로 배울 문법 용어 비교하기

초등학교에서 배우는 문법 지식	중학교에서 배울 문법 용어
고유어, 한자어, 외래어 · 낱말 · · ·	고유어, 한자어, 외래어 형태소 단어 단일어 복합어(합성어, 파생어) 어근, 접사

1 고유어, 한자어, 외래어

옛날부터 사용해 온 순수한 우리말이나 그것을 바탕으로 하여 만들어진 말은 '고유어', 한자를 바탕으로 하여 만들어진 말은 '한자어', 다른 나라에서 사용하는 말을 빌려 와서 우리말처럼 쓰는 말은 '외래어'입니다.

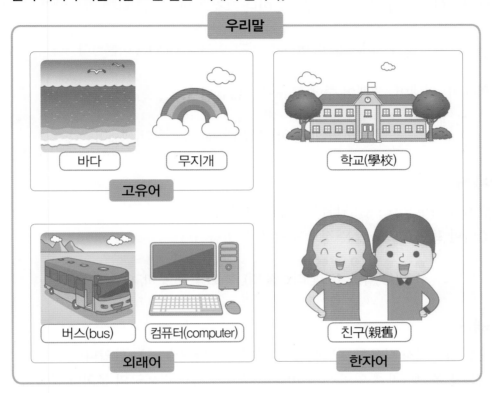

2 단어의 형성

단어는 형성 방법에 따라 크게 '단일어'와 '복합어'로 나눌 수 있습니다. '단일어'는 하나의 어근으로 된 단어를 말하고, '복합어'는 어근과 어근이 결합하여 이루어진 단어인 '합성어'와 어근과 접사가 결합하여 이루어진 단어인 '파생어'를 말합니다.

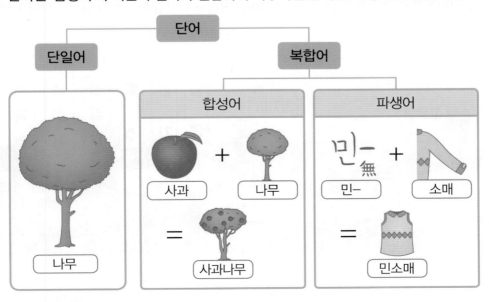

단어의 분류

1 고유어, 한자어, 외래어

● 고유어(순우리말) → 우리의 감정을 나타내는 데에 알맞음.

– 옛날부터 사용해 온 순수한 우리말이나 그것을 바탕으로 하여 만들어진 말입니다.

무지개, 밥, 옷, 바다, 아버지, 어머니, 예쁘다, 아름답다 ……

– 의성어, 의태어, 색채어 중에 고유어가 많습니다.

우당탕(의성어), 아장아장(의태어), 노랗다(색채어) ……

- 의성어: 사람이나 사물의 소리를 흉내 낸 말.
- 의태어: 사람이나 사물의 모양이나 움직임을 흉내 낸 말.
- 색채어: 색깔을 나타내는 말.

● 한자어 → 우리말의 반 이상을 차지함.

– 한자를 바탕으로 하여 만들어진 말입니다.

– 간단한 표현으로도 많은 정보를 담을 수 있습니다.

수리(修 닦을 수, 理 다스릴 리), 학교(學 배울 학, 校 학교 교) ……

● 외래어 → 대체로 서양, 특히 영어에서 빌려 온 것이 많음.

– 다른 나라에서 사용하는 말을 빌려 와서 우리말처럼 쓰는 말입니다.

– 대부분 우리나라에 없었거나 이제 막 생기기 시작한 외국의 문화나 문물을 가리키는 말입니다.

빵, 버스, 모델, 컴퓨터, 인터넷, 스파게티 ……

! 주의할 점 외래어는 외국어와 달리 바꾸어 쓸 수 있는 우리말이 없는 경우가 많아 국어사전에 실려 있습니다. 예를 들어 택시의 경우 국어사전에 '택시(taxi)'와 같이 한글 표기 뒤의 괄호 안에 외국 글자가 표기되어 있습니다. 또한 외래어는 외국어와 달리 우리말 문맥 속에서 널리 사용되는 말입니다.

1 고유어, 한자어, 외래어에 대한 설명으로 알맞은 것에 ○표 하시오.

(1) 고유어는 옛날부터 사용해 온 순수한 우리말만 말한다. (　　　)

(2) 한자어는 간단한 표현으로도 많은 정보를 담을 수 있다. (　　　)

(3) 외래어는 외국에서 들어온 말이므로 우리말처럼 쓰이지 못한다. (　　　)

2 다음 단어들은 각각 무엇에 해당하는지 알맞게 선으로 이으시오.

(1) ┃ 독서, 등산 ┃ •　　　• ㉮ ┃ 고유어 ┃

(2) ┃ 손, 어머니 ┃ •　　　• ㉯ ┃ 한자어 ┃

(3) ┃ 바나나, 컴퓨터 ┃ •　　　• ㉰ ┃ 외래어 ┃

3 다음 각 단어의 예로 알맞지 <u>않은</u> 것에 ×표 하시오.

(1) | 고유어 | 밥, 꽃, 재즈, 하늘 |

(2) | 한자어 | 예절, 학생, 기억, 한가위 |

(3) | 외래어 | 버스, 자유, 로켓, 라디오 |

4 다음 중 외래어만 모아 놓은 것에 ○표 하시오.

(1) 옷, 챔피언, 아르바이트 (　　　)

(2) 첼로, 발레, 학교, 추억 (　　　)

(3) 모델, 오페라, 알레르기, 빵 (　　　)

1 고유어, 한자어, 외래어

단어의 분류

1 다음 중 단어를 바르게 구분하지 못한 것은 무엇입니까? ( )

① 치료 ⇨ 한자어   ② 시험 ⇨ 한자어   ③ 친구 ⇨ 고유어
④ 예쁘다 ⇨ 고유어   ⑤ 넥타이 ⇨ 외래어

2 다음 ㉠~㉤ 중 한자어에 해당하는 것을 두 가지 찾아 기호를 쓰시오.

감기 때문에 콜록콜록 기침을 해서 택시를 타고 병원에 갔다.
㉠   ㉡   ㉢   ㉣   ㉤

(,)

3 다음 빈칸에 들어갈 고유어로 알맞은 것은 무엇입니까? ( )

친구와 헤어지게 된다고 [   ]하면 너무 슬프다.

① 생각   ② 소망   ③ 상상
④ 계획   ⑤ 사색

4 다음 가와 나에 대한 설명으로 알맞은 것은 무엇입니까? ( )

가 – 컴퓨터, 빵   나 – 무비, 어니언

① 가는 바꾸어 쓸 우리말이 없다.
② 가는 외국어이고, 나는 외래어이다.
③ 나만 다른 나라에서 들어온 단어이다.
④ 나는 옛날부터 사용해 온 우리말이다.
⑤ 가와 나 모두 다른 나라에서 들어온 말로 우리말처럼 쓰인다.

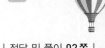

5 다음 글을 읽고 한자어와 외래어를 각각 세 가지씩 찾아 쓰시오.

> 19세기 유럽의 귀족들은 저녁 식사 후 후식으로 포도를 즐겨 먹었다. 이들은 식사하는 자리에서의 예절을 중요하게 여겼는데, 특히 식탁에서 손으로 음식을 먹는 것은 품위가 없는 행동이라고 생각했다. 그래서 포도를 먹을 때 포도알을 손으로 떼어 먹지 않기 위해 포도 가위를 사용했다. 당시에는 귀족들이 사용하는 고급 나이프와 포크를 만드는 공방이 발달해 있었기 때문에 수준 높은 세공 기법으로 포도 가위를 만들 수 있었다. 이러한 문화로 인해 금이나 은으로 만든 화려한 포도 가위가 유럽 귀족 사회에 유행했다.
>
>
>
> • **귀족**: 가문이나 신분 따위가 좋아 정치적·사회적 특권을 가진 계층.
> • **공방**: 공예품 따위를 만드는 곳.
> • **세공**: 잔손을 많이 들여 정밀하게 만듦.

한자어	외래어
(1)	(2)

쓰기 쑥쑥

6 고유어 중에서 색채어를 한 가지 떠올려 쓰고, 그 단어를 넣어 문장을 쓰시오.

색채어	(1)
문장 쓰기	(2)

7 고유어, 한자어, 외래어가 모두 들어간 문장을 쓰시오.

2 단어의 형성
단어의 분류

● 형태소와 단어

- 형태소는 일정한 뜻을 가진 가장 작은 말의 단위입니다. └→ 더 이상 나누면 뜻을 잃어버림.
- 단어는 뜻을 가지고 홀로 쓰일 수 있는 말이나 홀로 쓰일 수 있는 말의 뒤에 붙어서 쉽게 분리될 수 있는 말입니다.

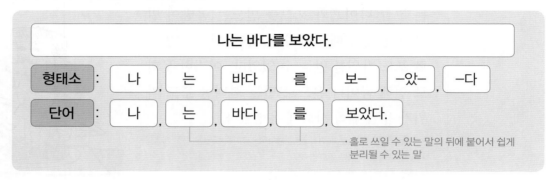

나는 바다를 보았다.						
형태소 : 나 ,	는 ,	바다 ,	를 ,	보– ,	–았– ,	–다
단어 : 나 ,	는 ,	바다 ,	를 ,	보았다.		

└→ 홀로 쓰일 수 있는 말의 뒤에 붙어서 쉽게 분리될 수 있는 말

● 단일어와 복합어

└→ 단어의 실질적 의미를 나타내는 형태소
- 단일어는 하나의 어근으로 이루어진 단어입니다.
- 복합어는 둘 이상의 어근이 결합하거나 어근과 접사가 결합하여 이루어진 단어로,
  └→ 둘 이상의 어근으로 이루어짐.   └→ 어근의 앞이나 뒤에 붙어서 그 뜻을 더하거나 제한하는 형태소
  합성어와 파생어가 있습니다.
  └→ 어근과 접사로 이루어짐. 어근의 앞에 붙는 접사를 접두사, 어근의 뒤에 붙는 접사를 접미사라고 함.

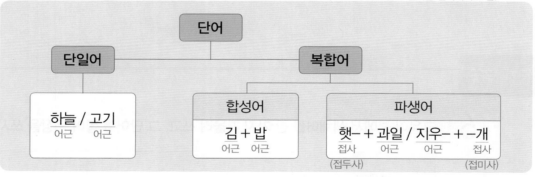

```
                        단어
          ┌──────────────┴──────────────┐
        단일어                          복합어
          │                    ┌──────────┴──────────┐
       하늘 / 고기           합성어                 파생어
       어근   어근           김 + 밥          햇– + 과일 / 지우– + –개
                            어근  어근        접사  어근   어근   접사
                                           (접두사)          (접미사)
```

난 단일어!
어근

우리들은 복합어!
어근   어근
난 합성어!
접두사   어근
어근   접미사
난 파생어!

1 다음 중 문장을 형태소 단위로 나눈 것에 ○표 하시오.

(1) 동생 / 이 / 상 / 을 / 받았다.　　(　　)

(2) 동생 / 이 / 상 / 을 / 받– / –았– / –다.　　(　　)

2 다음 문장은 모두 몇 개의 단어로 이루어져 있는지 쓰시오.

나무에 과일이 조금 열렸다.

(　　　　)개

3 다음 문장의 빈칸에 공통으로 들어갈 알맞은 말을 쓰시오.

복합어에서 합성어와 파생어를 구분할 때, ☐☐☐☐☐이/가 없는 것은 '합성어'이고 ☐☐☐☐☐이/가 있는 것은 '파생어'입니다.

(　　　　　　)

4 다음 단어에 해당하는 것을 찾아 알맞게 선으로 이으시오.

(1) 단일어　　·　　　　　·　㉮　구름, 바지

(2) 합성어　　·　　　　　·　㉯　손발, 고무신

(3) 파생어　　·　　　　　·　㉰　풋사과, 부채질

2 단어의 형성

1 다음 문장에 대한 설명으로 알맞지 <u>않은</u> 것은 무엇입니까? (   )

> 나는 오늘 도서관에서 책을 읽었다.

① 8개의 단어로 이루어져 있다.
② '읽었다'는 3개의 형태소로 나눌 수 있다.
③ '도서관에서'는 2개의 단어로 나눌 수 있다.
④ '는', '에서', '을'은 홀로 쓰일 수 있는 말이다.
⑤ '오늘'은 하나의 형태소로 이루어진 단어이다.

2 다음 **보기** 의 단어를 단일어와 복합어로 각각 구분하여 쓰시오.

> **보기**
>
> 덧신, 고구마, 밥그릇, 멋쟁이, 할머니

단일어	(1)
복합어	(2)

3 다음 중 합성어끼리 묶인 것은 무엇입니까? (   )

① 나무 – 복숭아   ② 하늘 – 김밥   ③ 물엿 – 책가방
④ 햇과일 – 사냥꾼   ⑤ 지우개 – 손수건

4 다음 단어에 공통으로 붙을 수 있는 접사는 무엇입니까? (   )

> 땅,   발,   주먹

① 햇–   ② 풋–   ③ 맨–
④ –개   ⑤ 짓–

5 다음 ㉠~㉢이 단일어, 합성어, 파생어 중 무엇에 해당하는지 ◯표 하고, 같은 종류의 단어
를 두 가지씩 떠올려 쓰시오.

> 피카소의 천재적인 ㉠재능을 가장 먼저 눈치챈 사람은 미술 교사였던 그의
> 아버지였다. 피카소의 재능에 확신을 가진 아버지는 피카소가 열네 살이 되자
> 바르셀로나 미술 학교에 입학시키기로 결
> 심했다. ㉡어린아이는 입학할 수 없다는
> 규정이 있었지만, 피카소의 아버지는 직접
> ㉢감독관들을 따라다니며 피카소가 시험
> 을 칠 수 있도록 해달라고 설득했다. 결국
> 피카소는 시험관 모두를 감탄시키며 매우
> 어린 나이에 입학할 수 있었다.
>
>
>
> • 규정(規 법 규, 定 정할 정): 규칙으로 정함. 또는 그 정하여 놓은 것.
> • 설득(設 말씀 설, 得 얻을 득): 상대편이 이쪽 편의 이야기를 따르도록 여러 가지로 깨우쳐 말함.

(1) ㉠: (단일어, 합성어, 파생어) ⇨ 예 _____

(2) ㉡: (단일어, 합성어, 파생어) ⇨ 예 _____

(3) ㉢: (단일어, 합성어, 파생어) ⇨ 예 _____

쓰기 쑥쑥

6 지난주에 자신이 겪은 일을 떠올려 한 문장으로 쓰고, 그 문장이 어떤 단어들로 구성
되어 있는지 보기 와 같이 나누어 쓰시오.

> 보기
>
> 나는 밥을 먹었다. ⇨ 나/는/밥/을/먹었다.

문장 쓰기	(1)
단어로 나누기	(2)

7 접사가 어근 뒤에 붙어서 만들어진 파생어를 쓰고, 그 단어를 넣어 문장을 쓰시오.

파생어	(1)
문장 쓰기	(2)

 단어의 분류

1 다음 단어를 고유어, 한자어, 외래어로 각각 알맞게 분류한 것은 무엇입니까? (   )

	고유어	한자어	외래어
①	코, 구름	식구, 지방	발레, 국어
②	살갗, 가운데	언어, 병아리	버스, 테마
③	오빠, 편지	과정, 수업	새싹, 스키
④	풀잎, 연세	음악, 사진	템포, 스파게티
⑤	벼, 소쿠리	유행, 학교	빵, 컴퓨터

2 다음 문장에서 밑줄 친 단어와 바꾸어 쓸 수 있는 고유어는 무엇입니까? (   )

> <u>토지</u>의 주인이 나타나 사용료를 내라고 하였습니다.

① 위   ② 땅   ③ 끝   ④ 틈   ⑤ 아래

3 ㉠을 한자어로 알맞게 바꾼 것은 무엇입니까? (   )

> 　조선 후기 실학자인 류형원이 쓴 『반계수록』에는 나라를 부강하게 하고 농민들의 생활을 안정시키기 위해 토지 제도를 ㉠고쳐야 한다는 생각이 담겨 있습니다.

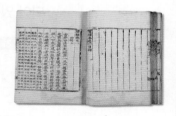

① 바꿔야   ② 뒤집어야   ③ 개혁해야
④ 만들어야   ⑤ 바로잡아야

4 다음 보기 의 단어를 외래어와 외국어로 구분하여 각각 쓰시오.

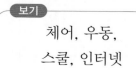

보기
체어, 우동, 스쿨, 인터넷

외래어	(1)
외국어	(2)

5 다음 문장은 모두 몇 개의 단어로 구성되어 있는지 각각 쓰시오.

> 엄마와 동생은 함께 영화를 보았다.

(   )개

6 다음 ㉠~㉢에 대한 설명으로 알맞은 것은 무엇입니까? (   )

> 25일 남부 지방을 휩쓸고 간 제7호 태풍으로 인해 과수 농가의 피해가 심각하다. 특히 ㉠배나무가 많은 전남 순천시 낙안면 일대가 큰 피해를 입었다. 약 4000평 남짓의 배 과수원을 운영 중인 박○○씨(48)는 "올해 배가 예년에 비해 절반 정도밖에 안 달렸는데, 이나마도 이번 태풍으로 낙과 피해를 입어 70% 정도가 떨어져 버렸다. 그동안 들인 노력이 한순간에 ㉡헛수고가 된 것 같아 ㉢하늘이 원망스럽다."며 한숨지었다.
>
> • 낙과: 열매가 나무에서 떨어짐. 또는 그 열매.

① ㉠은 파생어이고, ㉢은 합성어이다.
② ㉠은 단일어이고, ㉡과 ㉢은 복합어이다.
③ ㉠은 '접사+어근'으로 이루어진 단어이다.
④ ㉡은 '어근+어근'으로 이루어진 단어이다.
⑤ ㉢은 한 개의 형태소로 이루어진 단어이다.

7 다음 단어와 형성 방법이 같은 단어를 생각하여 한 가지 쓰고, 그 단어를 넣어 짧은 문장을 지어 쓰시오.

사과나무

(1) 형성 방법이 같은 단어: (   )

(2) 짧은 문장 쓰기: _____

_____

키다리 아저씨

진 웹스터

오늘 제가 안내한 분은 줄리아의 친척인 저비스 펜들턴 씨예요. 줄리아의 삼촌이지요. 아저씨처럼 키가 아주 크셨는데, 사업차 이 도시에 온 김에 조카를 보려고 학교에 오신 거라고 하셨어요. 하지만 줄리아와는 그다지 친하지 않은 것 같았습니다.

줄리아와 샐리는 수업이 있어서 제가 대신 그분의 안내를 맡게 된 거예요. 저는 펜들턴 집안 사람들을 별로 좋아하지 않았지만, 줄리아가 하도 부탁하는 바람에 마지못해 응했거든요. 그런데 의외로 그분은 매우 자상한 분이셨어요.

저는 저비스 씨를 보면서 키다리 아저씨가 떠올랐어요. 아저씨가 20년만 젊으셨다면 꼭 저비스 씨처럼 생기지 않았을까요? 그분은 키가 크고 마른 편이셨어요. 얼굴은 검은 편이었는데, 항상 미소를 짓고 계셨답니다. 왠지 전부터 제가 잘 아는 사람처럼 느껴지는 분이었어요.

저는 저비스 씨를 모시고 학교 안을 두루두루 안내해 드렸어요.

"걸었더니 피곤하군. 어디 가서 차라도 마실까? 아, 저기 대학 식당이 있군."

"네. 그럼 줄리아와 샐리를 데리고 올게요."

하지만 그분은 그냥 저와 단둘이 마시자고 하셨어요. 줄리아가 홍차를 마시면 신경질적으로 변한다고 하시면서요. 그래서 그분과 식당 발코니에 마련된 예쁜 탁자 앞에 마주 앉아 정겨운 대화를 나누었답니다. 달콤한 케이크와 홍차를 먹으면서 말이에요.

"이런, 기차 시간이 다 되어가는군. 그만 가 봐야겠는걸."

안녕? 나는 주디 애벗이라고 해. 난 대학생이고 왼쪽 글은 내가 나를 후원해 주는 키다리 아저씨께 쓴 편지야. 나는 학교에 온 저비스 씨의 안내를 맡았던 이야기를 하고 있었어. 아래는 내가 쓴 편지의 일부분이야.

그래서 그분과 식당 발코니에 마련된 예쁜 탁자 앞에 마주 앉아 정겨운 대화를 나누었답니다. 달콤한 케이크와 홍차를 먹으면서 말이에요.

주디는 나에게 저비스 씨와 무엇을 했는지 이야기 해 주었어. 주디가 편지에서 사용한 아래의 단어 중 외래어를 모두 찾아서 색을 칠해 보자.

| 식당 | 발코니 | 탁자 | 케이크 | 홍차 |

내가 쓴 외래어를 잘 찾았니? 답은 발코니랑 케이크야. '발코니'는 2층 이상의 서양식 집의 벽에 붙여서, 난간이 있고 지붕이 없이 지은 바닥, 케이크는 곡식 가루에 설탕, 우유 등을 섞어서 구운 빵을 뜻하는 외래어야.

안녕? 나는 주디가 학교 안내를 해 준 저비스야. 사실 주디의 키다리 아저씨는 나야. 하지만 주디는 아직 모르고 있으니까 비밀로 해 줘. 사실 나는 주디와 대화를 더 나누고 싶어서 차를 마시러 가자고 했던 거였어.

"걸었더니 피곤하군. 어디 가서 차라도 마실까? 아, 저기 대학 식당이 있군."

아래는 내가 한 말에 쓰인 단어들이야. 고유어에는 ○표, 한자어에는 △표를 해 보자.

| 걷다 | 피곤 | 차 | 대학 | 식당 |

저비스 씨가 말한 단어 중 고유어는 '걷다', '차', 한자어는 '피곤', '대학', '식당'이야. 모두 알맞게 찾았니? 그럼 난 키다리 아저씨께 편지를 쓰러 가 볼게. 그런데 나는 키다리 아저씨를 언제쯤 만날 수 있을까? 아저씨는 내가 궁금하지 않을까?

2 단어의 의미 관계

66 우리가 사회에서 여러 관계를 맺고 살아가듯이 단어도 의미를 중심으로 서로 다양한 관계를 맺고 있어요. 서로 의미가 비슷하거나 반대인 단어들이 있고, 한 단어의 의미가 다른 단어에 포함되는 단어들도 있지요. 이외에도 단어들은 서로 다양한 의미 관계를 맺고 있어요. 이러한 단어의 의미 관계를 잘 알고 상황에 적절하게 사용하면 글을 더 잘 쓸 수 있고 말도 더 잘할 수 있어요. 지금부터 의미 관계를 맺고 있는 다양한 단어를 살펴보아요. 99

초등학교에서 배우는 문법 지식과 앞으로 배울 문법 용어 비교하기

초등학교에서 배우는 문법 지식	중학교에서 배울 문법 용어
비슷한말	유의어
반대말	반의어
포함하는 말	상의어
포함되는 말	하의어
동음이의어	동음이의어
다의어	다의어

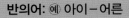
동영상 강의

1 　유의어, 반의어

의미가 거의 같거나 비슷한 관계에 있는 단어를 '유의어'라고 하고, 의미가 서로 반대되거나 대립되는 관계에 있는 단어를 '반의어'라고 합니다.

유의어: 예 아이 – 어린이	반의어: 예 아이 – 어른

아이　어린이　　아이　어른

2 　상의어, 하의어

한 단어의 의미가 다른 단어에 포함되는 관계를 상하 관계라고 합니다. 이때 다른 단어를 포함하는 단어를 '상의어', 포함되는 단어를 '하의어'라고 합니다.

상의어: 예 사람

하의어: 예 남자　　하의어: 예 여자

사람 / 여자 / 남자

3 　동음이의어, 다의어

소리는 같지만 의미가 서로 다른 단어는 '동음이의어', 여러 개의 의미를 지니고 있는 단어는 '다의어'입니다.

동음이의어: 예 말	다의어: 예 눈

안 보여요.

말01: 사람의 생각이나 느낌 따위를 표현하고 전달하는 데 쓰는 음성 기호.
말02: 말과의 포유류.

눈
「1」 빛의 자극을 받아 물체를 볼 수 있는 감각 기관.
「2」 시력.

단어의 의미 관계

1 유의어, 반의어

● **유의어** — 소리는 서로 다르지만 뜻이 비슷한 단어들의 관계를 유의 관계라고 함.

    – 소리는 서로 다르지만 의미가 거의 같거나 비슷한 단어를 말합니다.

    – 문장에서 바꿔 써도 뜻이 달라지지 않습니다.

> • 낯 – 얼굴   • 밥 – 진지
> • 책방 – 서점   • 살갗 – 피부
> • 껍질 – 껍데기   • 메아리 – 산울림

⚠ 주의할 점   유의 관계에 있는 단어들은 기본적인 의미는 비슷하지만 연상되는 느낌의 차이가 있기 때문에 대상이나 문장에 알맞게 사용해야 합니다. 예를 들어 '머리'와 '대가리'는 모두 사람이나 동물의 목 위의 부분을 의미하지만, '대가리'는 보통 동물의 머리를 말할 때 사용하기 때문에 주의해야 합니다.

● **반의어** — 서로 뜻이 반대되는 의미를 가진 단어들의 관계를 반의 관계라고 함.

    – 의미가 서로 반대되거나 대립하는 단어를 말합니다.

    – 두 단어 사이에 공통점이 있으면서 동시에 반대되는 특성이 한 가지 있습니다.

> • 소년 – 소녀 → 모두 '나이가 어린 사람'이지만 '성별'이 다름.
> • 길다 – 짧다 → 모두 '길이'를 나타내지만 '정도'가 다름.
> • 남자 – 여자 → 모두 '사람'이지만 '성별'이 다름.
> • 고음 – 저음 → 모두 '음'을 나타내지만 '높낮이'가 다름.

    – 하나의 단어에 여러 개의 단어가 대립하는 경우도 있습니다.

> • 옷을 벗다. ↔ 옷을 입다.   • 모자를 벗다. ↔ 모자를 쓰다.
> • 신발을 벗다. ↔ 신발을 신다.   • 장갑을 벗다. ↔ 장갑을 끼다.

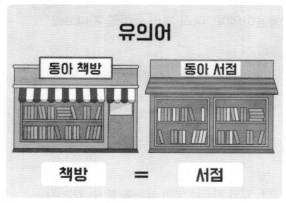

1 다음 단어의 유의어로 알맞은 것을 찾아 ○표 하시오.

(1) | 살갗 | ① 낯 (   ) | ② 피부 (   ) | ③ 주름 (   )

(2) | 친구 | ① 벗 (   ) | ② 친척 (   ) | ③ 이웃 (   )

2 다음 문장의 밑줄 친 단어와 바꾸어 쓸 수 있는 것은 무엇입니까? (   )

어제는 너무 바빠서 연락을 할 <u>틈</u>이 없었다.

① 흠   ② 끝   ③ 겨를
④ 표현   ⑤ 노력

3 다음 보기 에서 반의 관계가 <u>아닌</u> 것을 찾아 기호를 쓰시오.

보기
ㄱ 소녀 – 소년   ㄴ 길다 – 짧다
ㄷ 덥다 – 춥다   ㄹ 곱다 – 예쁘다

(   )

4 다음 밑줄 친 단어의 반의어를 찾아 알맞게 선으로 이으시오.

(1) | 구두를 <u>벗다</u>. | •   • ㉮ | 쓰다

(2) | 바지를 <u>벗다</u>. | •   • ㉯ | 입다

(3) | 모자를 <u>벗다</u>. | •   • ㉰ | 신다

단어의 의미 관계

1 유의어, 반의어

1 다음 중 단어의 의미 관계가 다른 하나는 무엇입니까? (   )

① 머리 – 모발   ② 아이 – 어린이   ③ 주다 – 드리다
④ 빌리다 – 갚다   ⑤ 바라다 – 소원하다

2 다음 보기 의 단어들을 의미 관계에 맞게 구분하여 기호를 쓰시오.

보기

ㄱ 참 – 거짓   ㄴ 눈치 – 낌새   ㄷ 신사 – 숙녀
ㄹ 잔치 – 연회   ㅁ 입장 – 퇴장   ㅂ 교사 – 선생님

(1) 유의 관계: (   )
(2) 반의 관계: (   )

3 다음 각 단어의 유의어와 반의어를 알맞게 짝 지은 것은 무엇입니까? (   )

	단어	유의어	반의어
①	쥐다	놓다	잡다
②	뛰다	달리다	자다
③	짓다	만들다	세우다
④	깨끗하다	아름답다	더럽다
⑤	가난하다	빈곤하다	부유하다

4 다음 두 단어의 관계에 대한 설명으로 알맞은 것을 찾아 ○표 하시오.

나이 – 연세

(1) 의미가 서로 대립한다.   (   )
(2) 의미는 비슷하지만 문맥에 따라 구분하여 쓰인다. (   )

5 다음 글에서 ㉠의 유의어를 찾아 쓰고, 반의어를 떠올려 쓰시오.

> 정부가 생활 폐기물 발생을 줄이기 위해 일회용 컵과 플라스틱 빨대 사용을 단계적으로 ㉠금지하는 방안을 추진한다. 환경부 등 10개 관계부처는 이 방안을 제1차 '자원순환 기본계획'을 통해 국무회의에 보고하였다. 이 보고에서는 일회용 컵과 플라스틱 빨대 등 다회용품으로 대체 가능한 일회용품을 2027년까지 완전히 없애는 목표가 제시되었다. 또한 이 외에도 마트와 택배의 불필요한 이중포장도 법으로 제한하며, 친환경 포장재질을 사용하게 하는 방안도 추진되고 있다.
>
>
>
> • 폐기물: 못 쓰게 되어 버리는 물건.
> • 추진되고: 목표를 향하여 밀고 나아가게 되고.

유의어	반의어
(1)	(2)

쓰기 쑥쑥

6 다음 단어의 유의어를 한 가지만 쓰고, 그 단어를 넣어 짧은 문장을 쓰시오.

언제나	유의어	(1)
	짧은 문장 쓰기	(2)

7 반의 관계에 있는 두 단어를 떠올려 쓰고, 두 단어를 모두 넣어 한 문장을 쓰시오.

두 단어	(1)
문장 쓰기	(2)

기초 2 상의어, 하의어

단어의 의미 관계

● **상의어와 하의어**

– 어떤 단어의 의미가 다른 단어의 의미를 포함하는 의미 관계를 '상하 관계'라고 합니다.

– '상하 관계'에서 다른 단어를 포함하는 단어를 '상의어', 다른 단어에 포함되는 단어를 '하의어'라고 합니다.

– 단어의 상하 관계는 어떤 단어를 무엇과 비교하느냐에 따라 그 단어가 상의어가 되기도 하고 하의어가 되기도 합니다. 따라서 어떤 단어(상의어)의 하의어인 단어가 다시 하의어를 갖는 상의어가 되기도 합니다.

예를 들어 위와 같이 '생물–식물–나무'의 상하 관계에서 '식물'은 '생물'의 하의어이면서 동시에 '나무'의 상의어가 됩니다.

– 상하 관계에 있는 단어들은 상의어일수록 일반적이고 공통적인 의미를 지니고, 하의어일수록 개별적이고 구체적인 의미를 지닙니다.

| 정답 및 풀이 07쪽 |

1 다음 단어의 의미 관계로 알맞은 것을 찾아 ○표 하시오.

> 계절 – 여름

(1) 유의 관계 (　　　　)　　(2) 반의 관계 (　　　　)　　(3) 상하 관계 (　　　　)

2 다음 각 단어의 하의어로 알맞은 것을 찾아 선으로 이으시오.

(1) 신발　　•　　　　　　　　　•　㉮ 침대

(2) 가구　　•　　　　　　　　　•　㉯ 장화

(3) 가전제품　•　　　　　　　•　㉰ 세탁기

3 다음 단어들 중 나머지 단어의 상의어에 해당하는 것을 찾아 각각 ○표 하시오.

(1) 자, 연필, 지우개, 학용품, 스케치북

(2) 작가, 직업, 화가, 농부, 간호사

4 다음 단어의 하의어로 알맞지 <u>않은</u> 것의 기호를 쓰시오.

생물	㉠ 식물	㉡ 동물	㉢ 물건	㉣ 미생물

(　　　　　　　　)

2 상의어, 하의어

 단어의 의미 관계

1 다음 중 상하 관계가 <u>아닌</u> 것은 무엇입니까? (   )

① 개 – 진돗개   ② 한식 – 김치   ③ 새벽 – 아침

④ 감정 – 슬픔   ⑤ 국가 – 러시아

2 다음 중 상의어와 하의어를 바르게 쓴 것은 무엇입니까? (   )

	상의어	하의어
①	과일	감, 사과, 포도, 벚꽃
②	국어	수학, 사회, 과학, 미술
③	채소	소고기, 돼지고기, 닭고기
④	타악기	북, 실로폰, 심벌즈, 플루트
⑤	물고기	붕어, 미꾸라지, 갈치, 고등어

3 다음 ㉠과 ㉡에 들어갈 단어를 알맞게 짝 지은 것은 무엇입니까? (   )

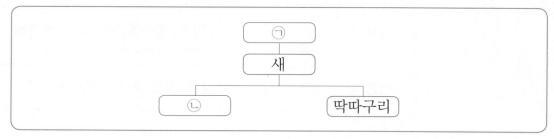

① ㉠: 참새, ㉡: 동물   ② ㉠: 동물, ㉡: 식물

③ ㉠: 동물, ㉡: 제비   ④ ㉠: 벌새, ㉡: 공작

⑤ ㉠: 생물, ㉡: 동물

4 다음 단어의 하의어를 한 가지만 떠올려 각각 쓰시오.

(1) 옷 ⇨ (   )   (2) 요일 ⇨ (   )

| 정답 및 풀이 **07쪽** |

5 다음 글을 읽고, 공룡의 상의어와 하의어를 글에서 찾아 빈칸에 알맞게 쓰시오.

공룡은 중생대 말엽에 지구에 나타나 약 1억 6천만 년 이상 지구를 지배했던 동물이다. 이는 인류가 살아온 기간보다 훨씬 긴 기간이다. 현재는 공룡이 멸종되었기 때문에 화석에 의존하여 공룡에 대해 짐작해야 한다. 대표적인 공룡으로 쥐라기의 알로사우루스나 백악기의 티라노사우루스 등이 있으며, 이들은 모두 몸집이 거대하였다. 알로사우루스의 몸길이는 10~12 m에 이르며 체중은 2t이나 되었고, 티라노사우루스 역시 몸길이가 10~12 m이고, 체중은 5~7 t이나 되었던 것으로 알려져 있다.

• **멸종**: 생물의 한 종류가 아주 없어짐. 또는 생물의 한 종류를 아주 없애 버림.
• **의존**(依 의지할 의 存 있을 존): 다른 것에 의지하여 존재함.
• **거대**: 엄청나게 큼.

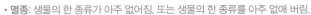

```
        ┌─────────────────┐
        │      (1)        │
        └─────────────────┘
        ┌─────────────────┐
        │      공룡        │
        └─────────────────┘
┌──────────────┐    ┌──────────────┐
│    (2)       │    │    (3)       │
└──────────────┘    └──────────────┘
```

쓰기 쑥쑥

6 다음 단어들의 상의어를 떠올려 쓰고, 그 단어를 넣어 문장을 쓰시오.

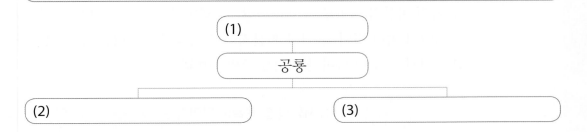

송편, 인절미	상의어	(1)
	문장 쓰기	(2)

7 상하 관계에 있는 두 단어를 쓰고, 두 단어를 모두 넣어 한 문장을 쓰시오.

상의어와 하의어	(1)
문장 쓰기	(2)

단어의 의미 관계

3 동음이의어, 다의어

● 동음이의어

– 말소리는 같지만 의미가 전혀 다른 단어들입니다.

배 01 몸에서 가슴과 다리 사이에 있는, 몸의 앞부분.
예 배가 아픕니다.

배 02 물 위에 떠서 사람이나 짐을 실어 나르는 교통수단.
예 배를 탑니다.

배 03 껍질이 누렇고 속은 흰, 배나무의 열매.
예 배를 먹습니다.

● 다의어

– 두 가지 이상의 의미를 가지고 있고, 그 의미가 서로 관련이 있는 단어입니다.
– 다의어의 여러 의미 중 가장 기본적이고 핵심적인 의미를 중심 의미라고 하고, 중심 의미에서 조금 더 나아간 의미를 주변 의미라고 합니다.

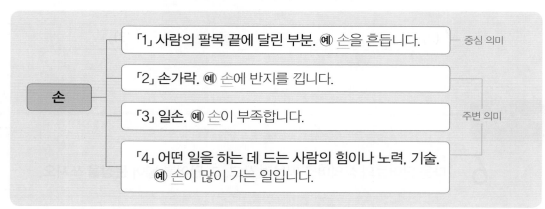

손

「1」 사람의 팔목 끝에 달린 부분. 예 손을 흔듭니다. ── 중심 의미

「2」 손가락. 예 손에 반지를 낍니다.

「3」 일손. 예 손이 부족합니다. ── 주변 의미

「4」 어떤 일을 하는 데 드는 사람의 힘이나 노력, 기술.
예 손이 많이 가는 일입니다.

우리는 우연히 소리만 같을 뿐 의미가 같은 단어가 아니야!

우리는 두 가지 이상의 의미를 가진 한 단어야!

동음이의어 01

동음이의어 02

동음이의어 03

동음이의어

다의어 ①

다의어 ②

다의어 ③

다의어

1 다음 설명이 알맞으면 ○표, 알맞지 <u>않으면</u> ✕표 하시오.

(1) 동음이의어는 소리와 의미가 모두 같은 단어이다. (　　　)

(2) 다의어는 두 가지 이상의 의미를 가진 단어이다. (　　　)

2 다음 문장에서 밑줄 친 단어는 무엇에 해당하는지 알맞게 선으로 이으시오.

(1) | 밤에 밤을 먹었다. |　　•

　　•　㉮ | 동음이의어 |

(2) | 책상 다리에 다리를 부딪 쳐서 아프다. |　　•

　　•　㉯ | 다의어 |

3 다음 문장에서 밑줄 친 단어가 동음이의어이면 '동', 다의어이면 '다'라고 쓰시오.

(1) | • 밥을 먹다.　　• 마음을 먹다. |　（　　　　　）

(2) | • 실을 감다.　　• 머리를 감다. |　（　　　　　）

4 다음 빈칸에 들어갈 다의어로 알맞은 것에 ○표 하시오.

| •　☐ 이/가 아프다.
•　☐ 을/를 자르다.
•　☐ 이/가 좋다. |

(1) 불　（　　　）

(2) 비　（　　　）

(3) 머리　（　　　）

(4) 저녁　（　　　）

2. 단어의 의미 관계　**33**

단어의 의미 관계

3 동음이의어, 다의어

1 다음 중 밑줄 친 단어가 동음이의어가 <u>아닌</u> 것은 무엇입니까? (   )

① <u>벌</u>을 받다. / <u>벌</u>이 날다.　　② <u>코</u>를 골다. / <u>코</u>를 풀다.

③ <u>비</u>로 쓸다. / <u>비</u>가 내리다.　　④ <u>발</u>을 짜다. / <u>발</u>이 아프다.

⑤ <u>굴</u>을 먹다. / <u>굴</u>에 들어가다.

2 다음 밑줄 친 다의어의 의미로 알맞지 <u>않은</u> 것은 무엇입니까? (   )

	다의어	의미
①	<u>길</u>을 따라 걷다.	땅 위에 낸 일정한 너비의 공간.
②	논 옆에 <u>길</u>을 내다.	어떤 행동이 끝나자마자 즉시.
③	배움의 <u>길</u>은 어렵다.	지향하는 방향, 지침, 목적.
④	먹고 살 <u>길</u>이 막막하다.	방법이나 수단.
⑤	일을 마치고 가는 <u>길</u>이다.	어떠한 일을 하는 도중이나 기회.

3 다음 각 문장의 빈칸에 들어갈 동음이의어는 무엇입니까? (   )

공을 ☐☐☐. / 바람이 ☐☐☐. / 시계를 ☐☐☐.

① 맞다　　② 풀다　　③ 켜다　　④ 차다　　⑤ 밀다

4 다음 각 문장에서 밑줄 친 '눈'의 의미 관계가 다른 하나는 무엇입니까? (   )

① <u>눈</u>을 뜨다.　　② <u>눈</u>이 나쁘다.　　③ <u>눈</u>이 내리다.

④ 보는 <u>눈</u>이 정확하다.　　⑤ 의심의 <u>눈</u>으로 보다.

5 다음 ㉠~㉢에 쓰인 다의어 '얼굴'이 각각 어떤 의미로 사용되었는지 구분하여 기호를 쓰시오.

> 우리 가족은 먼저 신라 문화재의 ㉠얼굴이라고 할 수 있는 불국사로 갔다. 불국사는 석굴암과 더불어 1995년에 유네스코 세계 문화유산으로 지정되었다고 했다. 우리는 삼층 석탑, 다보탑, 백운교, 연화교를 천천히 둘러보았다. 그런데 구경에 관심이 없던 동생이 문화유산 사이를 마구 뛰어다녔다. 아버지께서 동생을 잡아 세우시고는 실망한 ㉡얼굴로 꾸짖으셨다. 그러자 동생은 창피한 마음이 드는지 고개를 숙인 채 ㉢얼굴을 들지 못했다.
>
>
>
> • 문화유산: 앞의 세대에게서 물려받은 가치 있는 문화적 재산.
> • 지정되었다고: 관공서, 학교, 회사, 개인 등으로부터 어떤 것에 특정한 자격이 주어졌다고.

(1) 어떤 심리가 나타나는 표정. ······················ (   )
(2) 눈, 코, 입이 있는 머리의 앞면. ·················· (   )
(3) 어떤 사물의 진면목을 보여 주는 대표적인 상징. ········ (   )

쓰기 쑥쑥

6 밑줄 친 단어의 동음이의어를 넣어 문장을 쓰시오.

| 내 꿈은 <u>의사</u>이다. |

_____

7 다의어를 한 가지 떠올려 쓰고, 서로 다른 두 가지 의미를 살려 문장을 쓰시오.

다의어	(1)
문장 쓰기	(2)
	(3)

 단어의 의미 관계

1 다음 중 단어의 의미 관계를 바르게 연결한 것은 무엇입니까? (   )

① 밥 / 진지 ⇨ 상하 관계   ② 열다 / 닫다 ⇨ 반의 관계

③ 생선 / 참치 ⇨ 유의 관계   ④ 뛰다 / 걷다 ⇨ 유의 관계

⑤ 아이 / 어린이 ⇨ 반의 관계

2 다음 ㉠~㉺에 대한 설명으로 알맞은 것은 무엇입니까? (   )

> '썰매 3총사'로 불리는 ㉠스켈레톤, 봅슬레이, 루지는 모두 썰매를 타고 얼음 위를 누가 빨리 달리는지를 겨루는 동계 ㉡스포츠이다. 세 종목은 썰매를 ㉢타는 모양에 따라 구분하는 것이 ㉣가장 쉽다. 스켈레톤은 썰매에 '엎드려' 머리부터 내려오기 때문에 위험성이 크다. 봅슬레이는 방향을 조정하는 키가 달린 썰매에 '앉아서' 내려온다. 루지는 출발 손잡이를 ㉤이용해 추진 동력을 ㉥얻고 장갑을 낀 손으로 가속도를 낸 뒤 '누워서' 발부터 내려온다.
>
> • 추진(推 밀 추, 進 나아갈 진): 물체를 밀어 앞으로 내보냄.
> • 가속도(加 더할 가, 速 빠를 속, 度 정도 도): 일의 진행에 따라 점점 더해지는 속도. 또는 그렇게 변하는 속도.

① ㉠'스켈레톤, 봅슬레이, 루지'의 하의어는 ㉡'스포츠'이다.

② ㉢'타는'의 반의어는 '끄는'이다.

③ ㉣'가장'의 유의어는 '제일'이다.

④ ㉤'이용'의 반의어는 '사용'이다.

⑤ ㉥'얻고'의 상의어는 '잃고'이다.

3 다음 의미 관계에 알맞은 단어를 쓰시오.

(1) '낮'의 유의어 ⇨ (   )

(2) '공'의 하의어 ⇨ (   )

(3) '출발'의 반의어 ⇨ (   )

(4) '구두', '운동화'의 상의어 ⇨ (   )

(5) '장갑을 벗다.'에서 '벗다'의 반의어 ⇨ (   )

4 다음 중 밑줄 친 단어의 관계가 나머지와 다른 것은 무엇입니까? (   )

① 생선 가시를 발랐다. / 내 방에 예쁜 벽지를 발랐다.

② 너무 쓴 약은 먹기 싫다. / 모자를 쓴 모습이 예쁘다.

③ 배가 아파서 병원에 갔다. / 섬에 들어가려고 배를 탔다.

④ 새로 산 신발이 발에 꼭 맞다. / 영수는 발이 무척 빠르다.

⑤ 만 10세 이상은 타면 안된다. / 건강에 이상이 발견되었다.

5 다음은 다의어 '손'의 뜻과 쓰임을 정리한 것입니다. 빈칸에 알맞은 문장을 써넣으시오.

뜻	쓰임
사람의 팔목 끝에 달린 부분.	예 두 손을 모아 기도했다.
손가락.	예 손에 반지를 꼈다.
일손.	
어떤 일을 하는 데 드는 사람의 힘이나 노력, 기술.	예 그 일의 성공과 실패는 네 손에 달려 있다.

6 다음 밑줄 친 '얼굴'이 ㉠과 같은 뜻으로 쓰인 것은 무엇입니까? (   )

㉠얼굴 인식 기술이 신분 확인, 범죄자 검색과 같은 보안 관련 분야뿐 아니라 디지털카메라나 스마트폰 등에서도 이용되고 있다. 얼굴 인식 기술은 편리함을 주는 반면, 개인 정보 침해 우려가 있다.

① 민희는 우리 학교의 얼굴이다.

② 새로운 얼굴을 회장으로 뽑기로 했다.

③ 동생은 겁에 질린 얼굴로 나를 바라보았다.

④ 얼굴을 익히려고 사진을 자꾸 들여다보았다.

⑤ 얼굴 한번 세워 보려고 했는데 잘 안돼서 속상하다.

아서 왕 이야기

토머스 불핀치

바위 한가운데 커다란 칼이 꽂혀 있고, 칼에는 황금 글자가 새겨져 있었다.

바위에서 이 신검을 빼내는 자가

진짜 브리튼 왕으로 태어난 자로다!

바위에서 신검만 뽑으면 왕이 된다는 말에 사람들은 너도나도 흥분했다. 그러나 아무리 힘을 주어도 신검은 조금도 움직이지 않았다.

그러자 대주교가 말했다.

"안타깝지만 이곳에 하늘의 선택을 받은 자가 없는 듯합니다. 하지만 신은 틀림없이 이 신검의 주인을 알려 주실 것입니다. 그때까지 기다립시다!"

한편, 엑터 경의 집에서 그 집의 아들로 자란 아서 왕자는 열다섯 살이 되었다. 훤칠한 키에 용모 또한 반듯한 아서 왕자는 힘이 장사에다 행동도 어른스러웠으며, 기사 훈련을 받아 모든 면에서 나무랄 데가 없었다.

어느 날, 아서는 무술 시합에 참가한 형 케이의 부탁으로 칼을 가지러 가던 중에 문득 좋은 생각이 떠올랐다.

'아, 그렇지! 성당 앞에 무슨 신검이 있다고 했어. 그걸 가져가자!'

아서는 성당 마당에 들어갔다. 그리고는 보석이 박힌 칼자루를 잡고 큰 힘을 주지 않았는데 신검이 쑥 뽑혔다. 아서는 재빨리 케이에게 달려가 그 신검을 전해 주었다.

케이는 대단한 위력을 가진 신검을 써서 무술 시합에서 우승했고, 시합이 끝난 뒤 아서를 데리고 성당으로 갔다. 케이는 대주교에게 동생 아서가 신검을 뽑은 인물이라고 말했고, 대주교는 신검을 받아 다시 바위에 꽂았다.

그러자 모여 있던 사람들이 신검을 뽑으려 달려 나왔다. 하지만 신검은 조금도 움직이지 않았다.

"아서, 네가 해 봐."

케이의 말에 아서는 성큼성큼 걸어가 아까처럼 신검을 손으로 잡고 조심스럽게 뽑았다. 신검이 뽑히는 순간, 칼에서 환한 빛이 뿜어 나왔다.

대주교는 무릎을 꿇고 말했다.

"당신은 하늘이 내린 이 나라의 왕이십니다."

안녕? 나는 이 이야기의 주인공, 아서 왕자야. 다음 말과 의미가 비슷한 단어를 찾아 선으로 따라가 볼래?

▲ 아서 왕자

바위	칼	용모	훈련
생김새	돌	단련	검

아서 왕자와 함께 유의 관계에 있는 단어 [바위-돌, 칼-검, 용모-생김새, 훈련-단련]를 잘 찾아봤지? 나는 반의 관계에 대해 질문하겠다. 다음 밑줄 그은 말과 뜻이 대립하는 말을 찾아 ○표 해 보렴.

▲ 대주교

아서는 성당 마당에 들어갔다.
모여 있던 사람들이 신검을 뽑으려 달려 나왔다.
대주교는 신검을 받아 다시 바위에 꽂았다.
아서는 성큼성큼 걸어가 아까처럼 신검을 손으로 잡고 조심스럽게 뽑았다.

'들어갔다'와 '나왔다', '꽂았다'와 '뽑았다'가 반의어라는 것을 제대로 찾았다고? 이제 다음 말의 포함 관계를 생각하며 글에서 알맞은 단어를 찾아 빈칸에 써 보자.

▲ 케이

형제	
형	

신체	
손	

잘했어! '형제'의 하의어는 '형'과 '동생'이고, '신체'의 하의어는 '손'과 '무릎'이 맞아.
이외에도 앞서 동음이의어와 다의어에 대해서도 배웠지? 여러 가지 뜻을 지닌 단어인 '손'은 동음이의어이면서도 다의어란 것도 잊지 말자.
단어의 의미 관계를 모두 정리해 보고, 다음 내용 공부하러 출발~!!!

▲ 아서 왕자

3

품사

> '품사'는 단어들을 성질이 공통된 것끼리 모아 분류해 놓은 것이에요. 품사는 문장 속에서 단어의 형태가 변하느냐, 기능과 의미가 무엇이냐에 따라 나눌 수 있어요. 이때 단어를 기능에 따라 체언, 관계언, 용언, 수식언, 독립언으로 나누고, 다시 의미에 따라 명사, 대명사, 수사, 조사, 동사, 형용사, 관형사, 부사, 감탄사로 나눌 수 있답니다. 우리말의 아홉 가지 품사를 자세히 알아보아요.

초등학교에서 배우는 문법 지식과 앞으로 배울 문법 용어 비교하기

초등학교에서 배우는 문법 지식	중학교에서 배울 문법 용어
·	명사, 대명사, 수사
·	조사
동사, 형용사	동사, 형용사
·	관형사, 부사
·	감탄사

1~2　체언: 명사, 대명사, 수사 / 관계언: 조사

체언은 문장에서 중심이 되는 역할을 하는 말로, '명사', '대명사', '수사'가 있습니다. '명사'는 사람, 사물 등의 이름을 나타내고, '대명사'는 명사를 대신하여 나타내고, '수사'는 사물의 수량이나 순서를 나타냅니다. 관계언은 다른 말에 붙어 그 말과 다른 말과의 문법적 관계를 나타내는 말로, '조사'가 있습니다.

3　용언: 동사, 형용사

용언은 문장에서 움직임이나 상태를 나타내는 역할을 합니다. 이때 '동사'는 사람이나 사물의 움직임이나 작용을 나타내고, '형용사'는 사람이나 사물의 성질이나 상태를 나타냅니다. 용언은 문장에서 쓰임에 따라 형태가 변하는 특징이 있습니다.

4~5　수식언: 관형사, 부사 / 독립언: 감탄사

수식언은 문장에서 다른 단어나 문장을 꾸며 주는 역할을 하는데 '관형사'는 체언을 꾸며 주고, '부사'는 용언이나 다른 부사, 문장 전체 등을 꾸며 줍니다. 반면 독립언은 문장에서 감정, 부름이나 대답을 나타내는 말로, '감탄사'가 있습니다.

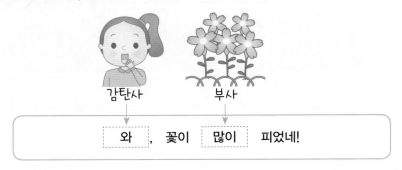

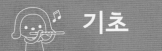

1 명사, 대명사, 수사 ~ 2 조사 〔품사〕

● **명사** → 체언
- 사람, 사물, 개념, 현상 등 대상의 이름을 나타내는 품사입니다.

> • 중국은 땅이 넓다. • 먹을 것이 필요하다.
> └→ 다른 말에 기대어 쓰이는 명사

● **대명사** → 체언
- 사람, 사물, 장소 등의 이름을 대신 나타내는 품사입니다.

> • 나는 여자야. • 이것 좀 봐. • 여기를 봐.
> └→ 사람 └→ 사물 └→ 장소

● **수사** → 체언
- 사물의 수량이나 순서를 나타내는 품사입니다.

> • 우리 둘은 단짝이다. • 첫째, 고운 말을 쓰자.
> └→ 수량 └→ 순서

● **조사** → 관계언
- 주로 명사, 대명사, 수사 뒤에 붙어 쓰여 다른 말과의 문법적 관계를 나타내거나 특별한 의미를 더해 주는 품사입니다.

> • 내가 너에게 선물을 줄게. • 연필과 책만 샀다.
> └→ '한정'의 뜻을 더함.

⚠ 주의할 점 체언인 명사, 대명사, 수사는 문장에서 쓰일 때 형태가 변하지 않고 홀로 쓰이거나 조사와 결합하여 쓰입니다. 관계언인 조사는 형태가 변하지 않지만 홀로 쓰일 수 없습니다.
└→ 조사 중에서 '이다'만 형태가 변함.

1 다음 설명이 알맞으면 ○표, 알맞지 않으면 ✕표 하시오.

(1) 조사는 다른 말에 붙지 않고 홀로 쓰이는 품사이다. (   )

(2) 명사는 사물, 개념, 현상의 이름을 나타내는 품사이다. (   )

(3) 대명사는 사물의 수량이나 순서를 나타내는 품사이다. (   )

2 다음 밑줄 친 단어의 품사는 무엇인지 찾아 알맞게 선으로 이으시오.

(1) 평화를 지키다. •   • ㉮ 명사

(2) 그쪽에 앉아라. •   • ㉯ 수사

(3) 우리 넷이 힘을 합치자. •   • ㉰ 대명사

3 다음 각 품사의 예에 해당하는 것을 문장에서 찾아 ○표 하시오.

(1) | 명사 | 나는 이순신을 가장 좋아한다. |

(2) | 대명사 | 너희는 모두 착한 어린이들이구나. |

(3) | 수사 | 우리 형은 열다섯이 되었다. |

4 다음 문장에서 조사를 세 가지 찾아 ○표 하시오.

민수와 주아가 운동장에서 만났다.

1 명사, 대명사, 수사 ~ 2 조사

1 다음 문장에서 파란색으로 쓴 단어에 대한 설명으로 알맞은 것은 무엇입니까? (   )

> 둘째, 여기는 학교이므로 질서를 지킵시다.

① 품사에 해당되지 않는다.

② 대상의 이름을 나타낸다.

③ 장소의 이름을 대신 나타낸다.

④ 문장에서 사용될 때 형태가 변한다.

⑤ '학교'는 대명사, '질서'는 수사이다.

2 다음 밑줄 친 단어 중 대명사가 <u>아닌</u> 것은 무엇입니까? (   )

① <u>저</u>는 중학생입니다.   ② 공책은 동생 <u>것</u>이다.

③ <u>그</u>는 미국에서 왔다.   ④ 가방은 <u>저기</u>에 놓아라.

⑤ 대감님, 그 일은 <u>소인</u>이 했습니다.

3 다음 설명에 해당하는 품사가 쓰인 문장은 무엇입니까? (   )

> 사물의 수량이나 순서를 나타내는 품사이다.

① 누구나 할 수 있다.   ② 곧 전학을 갈 것이다.

③ 열을 셀 때까지 맞혀라.   ④ 도서관에서 책을 읽었다.

⑤ 이분이 우리 어머니이시다.

4 다음 □에 들어갈 단어의 품사는 무엇인지 찾아 밑줄 그으시오.

> 나□ 개□ 고양이를 좋아한다.

(1) 명사   (2) 수사   (3) 조사   (4) 대명사

5 다음 글에서 ㉠~㉤ 단어의 역할로 알맞은 것을 두 가지 고르시오. (,   )

> 지진은 사람이 느끼지 못할 만큼 약한 것도 있지만 도시 ㉠하나를 파괴할 만큼 강한 것도 있습니다. 그래서 사람들은 지진을 예측하기 위해서 노력합니다.
> ㉡지진은 땅속 깊은 곳에 엄청난 양의 에너지가 모여 있다가 폭발하는 것이라서 폭발하기 전㉢에 어떤 현상들이 나타납니다. 사람들은 땅속 에너지의 미세한 움직임을 느끼지 못하지만 동물들은 ㉣이를 느낄 수 있어서 먼저 느끼고 이상한 행동을 합니다. 중국에서는 큰 지진이 여러 번 일어났지만 그때마다 동물들의 이상한 ㉤행동을 보고 대비해 피해를 줄이기도 했습니다.
>
>
>
> • 미세(微 작을 미, 細 가늘 세)한: 분간하기 어려울 정도로 아주 작은.
> • 대비(對 대할 대, 備 갖출 비)해: 앞으로 일어날지도 모르는 어떠한 일에 대응하기 위하여 미리 준비해.

① ㉠은 사물의 이름을 대신 나타낸다.

② ㉡은 대상의 이름이나 개념을 나타낸다.

③ ㉢은 홀로 쓰일 수 없고, 형태가 여러 개로 변한다.

④ ㉣은 사람, 사물, 장소의 등의 이름을 대신 나타낸다.

⑤ ㉤은 사물의 수량을 나타내며 홀로 쓰일 수 없는 말이다.

쓰기 쑥쑥

6 다음 문장에 쓰인 명사를 넣어 새로운 문장을 지어 쓰시오.

> 여기는 너무 시끄러우니까 다른 데로 옮기자.

                 ....

                 ....

7 다음 중 형태가 변하는 조사는 무엇인지 ○표 하고, 그 조사를 넣어 문장을 지어 쓰시오.

형태가 변하는 조사 찾기	(1) 과 / 에게 / 이다 / 께서
문장 쓰기	(2)

3 동사, 형용사

● **동사** →용언
  - 사람이나 사물의 움직임이나 작용을 나타내는 품사입니다.

  > • 꽃이 피다.　　　　• 잠을 자다.　　　　• 손을 씻다.

● **형용사** →용언
  - 사람이나 사물의 상태나 성질을 나타내는 품사입니다.

  > • 키가 작다.　　　　• 약이 쓰다.　　　　• 말이 빠르다.
  > 　　　└•상태　　　　　└•성질　　　　　　└•상태

● **동사와 형용사**
  - 문장 속에서 용언인 동사와 형용사의 형태가 달라지는 것을 '활용'이라고 합니다. 형용사는 동사와 달리 활용하는 범위가 적습니다.

  - 동사에는 '-는다/-ㄴ다', '-아라/-어라', '-자'가 붙을 수 있지만, 형용사에는 붙을 수 없습니다.
    　　　　　　└•현재를 나타냄.　└•명령형　　└•청유형

  > • 읽는다(○) / 읽어라(○) / 읽자(○)　　　• 많는다(×) / 많아라(×) / 많자(×)
  > 　　└•동사　　　　　　　　　　　　　　　　　　　└•형용사

1 다음 내용이 동사에 대한 설명이면 '동', 형용사에 대한 설명이면 '형'을 쓰시오.

(1) 사람이나 사물의 상태나 성질을 나타내는 단어이다. (　　　)
(2) '-는다/-ㄴ다', '-아라/-어라', '-자'가 붙을 수 있다. (　　　)

2 다음 각 품사의 예에 해당하는 것을 하나씩 찾아 ○표 하시오.

(1)
동사
작다　　편하다
읽다　　귀엽다

(2)
형용사
잡다　　일어나다
날다　　아름답다

3 다음 밑줄 친 단어의 품사는 무엇인지 찾아 ○표 하시오.

(1) | 비가 와서 장화를 <u>신었다</u>. | (동사 / 형용사)

(2) | 비가 온 뒤라 하늘이 무척 <u>맑다</u>. | (동사 / 형용사)

(3) | '에너지 절약 그림 그리기' 대회에서 상을 <u>받았다</u>. | (동사 / 형용사)

4 다음 단어가 활용한 모습으로 알맞지 <u>않은</u> 것을 하나씩 찾아 밑줄 치시오.

(1)
| 뛰다 | 뛰고　　뛰니　　뛰어서　　뛰는다 |

(2)
| 예쁘다 | 예쁘고　　예쁘니　　예뻐서　　예쁘자 |

3 동사, 형용사 ^{품사}

1 다음 밑줄 친 단어의 품사를 알맞게 파악한 것은 무엇입니까? (   )

① 영화를 보다 잠이 들었다. ⇨ 형용사

② 너무 바빠서 점심도 먹지 못했다. ⇨ 동사

③ 신나게 노래를 부르며 춤을 추었다. ⇨ 동사

④ 차가운 물을 마시고 정신을 차렸다. ⇨ 동사

⑤ 화가 난다고 해서 물건을 함부로 던지면 안 된다. ⇨ 형용사

2 다음 문장에서 동사를 세 가지 찾아 기호를 쓰시오.

> 우리는 추운 겨울이 빨리 지나가기만을 손꼽아 기다렸다.
>   ㉠   ㉡   ㉢   ㉣   ㉤

(,   ,   )

3 다음 보기 와 같이 활용하는 품사와 그 예를 알맞게 정리한 것은 무엇입니까? (   )

> 보기
>
> 맵다: 맵고(○) / 맵는다(×) / 맵자(×)

① 동사: 피다   ② 동사: 입다   ③ 형용사: 흐르다

④ 형용사: 젊다   ⑤ 형용사: 나누다

4 다음 단어의 기본형이 무엇인지 쓰시오.

(1) 파랗고, 파라니, 파래서 ⇨ (   )

(2) 무너지고, 무너지니, 무너져 ⇨ (   )

| 정답 및 풀이 **13쪽** |

5 다음 ㉠~㉤ 중 형용사를 찾아 기호를 쓰고, 그 기본형과 활용형을 쓰시오.

> 혹부리 영감 설화는 우리나라에 ㉠전해 내려오는 ㉡유명한 설화 가운데 하나입니다. 혹이 ㉢달린 영감이 도깨비를 속여서 혹을 ㉣떼고 부자가 되었는데, 욕심을 내어 이를 흉내 낸 다른 혹부리 영감은 망신을 당하고 혹을 하나 더 단다는 이야기입니다.
>
>
>
> 이 설화는 먼저 한 사람은 행운을 얻지만 욕심을 내어 이를 따라 한 사람은 불운을 겪는다는 내용으로, 이 설화와 같은 구조는 『흥부전』에서도 ㉤볼 수 있습니다.
>
> • 설화(說 말씀 설, 話 이야기 화): 각 민족 사이에 전승되어 오는 신화, 전설, 민담 따위를 통틀어 이르는 말.
>
> • 불운(不 아닐 불, 運 옮길 운): 운수가 좋지 않음. 또는 그런 운수.

형용사	기본형	활용형
(1)	(2)	(3)

쓰기 쑥쑥

6 동사를 한 가지 떠올려 쓰고, 그 단어를 넣어 문장을 지어 쓰시오.

동사	(1)
문장 쓰기	(2)

7 형용사를 한 가지 떠올려 쓰고, 그 단어를 넣어 문장을 지어 쓰시오.

형용사	(1)
문장 쓰기	(2)

4 관형사, 부사 ~ 5 감탄사 ^{품사}

● **관형사** → 수식언

- 주로 체언인 명사, 대명사, 수사를 꾸며 주는 역할을 하는 품사입니다.
- 관형사는 문장에서 '사람이나 사물의 성질이나 상태를 꾸며 주기', '어떤 대상을 가리키기', '수량이나 순서를 나타내기' 등의 일을 합니다.

> • 새 옷 • 이 집 • 한 사람

> **⚠ 주의할 점** 수를 나타내면 모두 수사라고 생각하기 쉽지만 뒤에 오는 다른 말을 꾸며 주면 관형사입니다. ⓔ 사과 두 개(관형사) / 우리 둘은 단짝(수사)
> └ 조사가 붙을 수 있음.

● **부사** → 수식언

- 용언인 동사와 형용사, 다른 부사, 문장 전체 등을 꾸며 주는 역할을 하는 품사입니다.
- 부사는 문장에서 '장소나 시간 등의 특정한 대상 가리키기', '용언 앞에서 그 내용을 부정하기', '앞 문장과 뒤 문장을 이어 주기' 등의 일을 합니다.

> • 내일 보자. • 널 못 만났다. • 너 그리고 나
> ┌ 이어 주는 말
> • 펑펑 눈이 온다. • 시간이 빨리도 간다. • 무척 빵을 좋아한다.
> └ 의성어, 의태어 └ 조사가 붙기도 함. 이동 가능함.

● **감탄사** → 독립언

- 문장에서 감정, 부름이나 대답을 나타내는 역할을 하는 품사입니다.
- 생략해도 문장이 성립하며, 문장에서의 위치가 비교적 자유롭습니다.

> • 어머! 깜짝이야. • 야, 같이 놀자.
> └ 느낌이나 놀람을 나타냄. └ 부름을 나타냄.

> **⚠ 주의할 점** 수식언인 관형사, 부사는 문장에서 쓰일 때 형태가 변하지 않고, 꾸밈을 받는 말 앞에 놓여 다른 말을 꾸며 줍니다. 독립언인 감탄사는 형태가 변하지 않습니다.

1 다음 설명이 알맞으면 ○표, 알맞지 않으면 ✕표 하시오.

(1) 관형사, 부사, 감탄사는 모두 조사가 붙지 않는다. ( )
(2) 부사는 문장에서 쓰이는 위치가 자유로운 편이다. ( )
(3) 체언을 꾸미는 것은 관형사이고, 용언을 꾸미는 것은 부사이다. ( )

2 다음 밑줄 친 단어의 품사는 무엇인지 찾아 알맞게 선으로 이으시오.

(1) | 모두 <u>이리</u> 오세요. |　　　•　　　•㉮ | 관형사 |

(2) | <u>온갖</u> 벌레가 모였다. |　　　•　　　•㉯ | 부사 |

(3) | <u>아</u>, 드디어 시험이 끝났다. |　　　•　　　•㉰ | 감탄사 |

3 다음 밑줄 친 단어의 품사는 무엇인지 찾아 ○표 하시오.

(1) | 나는 오늘 <u>저</u> 사람을 처음 만났다. | (관형사 / 부사)

(2) | 할아버지를 <u>못</u> 뵌 지 석 달이나 되었다. | (관형사 / 부사)

(3) | 잠자리가 <u>매우</u> 빨리 날아서 잡을 수가 없었다. | (관형사 / 부사)

4 오른쪽 두 친구가 한 말에서 감탄사를 찾아 ○표 하시오.

수지야! 같이 가자.

그래, 좋아.

4 관형사, 부사 ~ 5 감탄사 ^{품사}

1 다음 밑줄 친 단어 중 관형사가 아닌 것은 무엇입니까? (   )

① 물 한 잔만 주세요.   ② 둘째 시간은 수학이다.
③ 아무 말도 하지 못했다.   ④ 그 가게는 문을 닫았다.
⑤ 깨끗한 옷으로 갈아입다.

2 다음 ㉠~㉤ 중 용언이나 다른 부사, 문장 전체 등을 꾸며 주는 역할을 하는 것을 세 가지 찾아 기호를 쓰시오.

> 동생은 나를 ㉠흘끗 보더니 ㉡슬금슬금 자기 방으로 들어갔다. ㉢설마 내가 아껴 두었던 아이스크림을 먹은 건 아닐 거라고 생각했지만, 텅 빈 ㉣껍데기만 ㉤커다란 식탁 위에 놓여 있었다.

(,   ,   )

3 다음 밑줄 친 문장 성분의 수식 관계를 잘못 표시한 것은 무엇입니까? (   )

① 더 빨리 달려라.   ② 과연 너는 천재로구나!
③ 아주 오랜 옛날 일이다.   ④ 두 사람이 나란히 걸었다.
⑤ 혼내지 않을 테니 어서 대답해라.

4 다음 밑줄 친 단어의 품사가 다른 하나는 무엇입니까? (   )

① 앗! 차가워.   ② 그래, 그렇게 하자.
③ 여보, 이것 좀 보세요.   ④ 글쎄, 잘 모르겠는데요.
⑤ 분명히 우리는 성공할 거야.

5 다음 ㉠~㉢ 품사에 대한 설명으로 알맞은 것을 모두 고르시오. (,   ,   )

동계 올림픽 경기를 보면서 ㉠새 운동복을 입은 선수에게 관심을 가져 본 적 있나요? 스피드 스케이팅 운동복 디자인에도 과학이 숨어 있습니다.

스피드 스케이팅 운동복의 표면은 작은 돌기로 마감되어 있습니다. 이것은 골프공 표면에 작은 홈을 촘촘하게 만들어 ㉡멀리 날아갈 수 있도록 한 것과 같은 원리입니다.

쇼트트랙 운동복의 경우, 머리에 ㉢따로 헬멧을 씁니다. 하지만 스피드 스케이팅 운동복은 공기 저항을 최소화하기 위해 머리부터 발목까지 일체형으로 디자인합니다. 그래서 이마와 귀까지 덮는 모자가 붙어 있는 것입니다.

또 허리를 굽힌 상태를 유지하기 위해 경기할 때의 모습인 'ㄱ' 자 형태로 디자인되어 있습니다.

• **표면**(表 겉 표, 面 얼굴 면): 사물의 가장 바깥쪽.
• **돌기**: 뾰족하게 내밀거나 도드라짐. 또는 그런 부분.

① ㉠은 다른 말과 띄어 쓴다.
② ㉡은 문장에서 쓰일 때 형태가 변한다.
③ ㉢은 문장 내에서 위치가 비교적 자유롭다.
④ ㉠~㉢은 모두 체언을 꾸며 주는 역할을 한다.
⑤ ㉠~㉢은 꾸밈을 받는 말 앞에 놓여, 뒤에 오는 다른 말을 꾸며 준다.

쓰기 쑥쑥

6 다음 조건 에 알맞게 부사를 넣어 문장을 지어 쓰시오.

조건
부사를 넣어 쓰되, 부사에 조사를 붙일 것

....

....

7 감탄사를 넣어 놀람의 감정이 나타난 문장을 지어 쓰시오.

....

....

 품사

1 다음 중 품사의 종류를 바르게 정리한 것은 무엇입니까? (   )

① 조사 ⇨ 독립언　　　　　　　② 감탄사 ⇨ 용언

③ 동사, 형용사 ⇨ 수식언　　　④ 관형사, 부사 ⇨ 관계언

⑤ 명사, 대명사, 수사 ⇨ 체언

2 다음 ㉠~㉺에 대한 설명으로 알맞지 <u>않은</u> 것은 무엇입니까? (   )

　　삼국 통일을 꿈꾸던 ㉠김유신이 고구려를 정탐해 보라는 백석의 말을 듣고 함께 길을 떠났을 때였어요. 깊은 산중에서 여인 ㉡세 ㉢명을 만났는데, ㉣셋은 갑자기 신령으로 변하며 김유신에게 말했어요.

　　"㉤저희는 신라를 지키는 산신입니다. 돌다리도 두들겨 보며 건너라고 했는데 공은 어찌하여 백석이라는 사람을 믿고 무작정 고구려로 가려 하십니까? ㉥저자는 고구려의 첩자이니 조심하십시오."

　　김유신은 이 ㉦말을 듣고 신라로 ㉧되돌아와 위험에서 벗어날 수 있었어요.

▲ 김유신

・ **정탐**(偵 염탐할 정, 探 찾을 탐): 드러나지 않은 사정을 몰래 살펴 알아냄.
・ **첩자**: 한 국가나 단체의 비밀이나 상황을 몰래 알아내어 경쟁 또는 대립 관계에 있는 국가나 단체에 제공하는 사람.

① ㉠과 ㉢은 명사이다.

② ㉢은 다른 말에 기대어 쓰인다.

③ ㉡은 관형사이고, ㉣은 수사이다.

④ ㉤과 ㉥은 대명사이고, ㉦은 명사이다.

⑤ ㉧은 형태가 변하는 조사이다.

3 다음 문장에 쓰인 조사는 모두 몇 개인지 쓰시오.

우리는 어머니께서 어서 오시기를 기다렸다.

(   )

4 다음 밑줄 친 단어의 기본형과 품사를 알맞게 파악한 것은 무엇입니까? (   )

① 저녁에 일찍 자라. ⇨ 자다[형용사]

② 내일 학교에서 만나자. ⇨ 만나다[동사]

③ 그 가게의 빵은 대체로 달았다. ⇨ 달다[동사]

④ 원피스를 입은 사람이 우리 엄마이다. ⇨ 입는다[형용사]

⑤ 새로운 학교에 가게 되어 설렌다. ⇨ 새로웁다[형용사]

5 다음 중 용언의 활용 모습이 바르지 못한 것은 무엇입니까? (   )

① 묻다 ⇨ 물어   ② 돕다 ⇨ 도와   ③ 짓다 ⇨ 지어서

④ 흐르다 ⇨ 흘러   ⑤ 하얗다 ⇨ 하얘

6 다음 밑줄 친 말의 품사가 무엇인지 쓰고, 그 단어를 넣어 문장을 지어 쓰시오.

한글은 매우 과학적이다.

품사	(1)
문장 쓰기	(2)

7 다음 글에 쓰인 품사가 아닌 것은 무엇입니까? (   )

플라시보 효과는 의학 성분이 전혀 없는 약을 효과가 큰 것처럼 속여 환자에게 투여했을 때, 환자의 긍정적 믿음으로 인해 실제로 치료 효과가 나타나는 현상을 말한다.

• 투여(投 던질 투, 與 더불 여): 약을 환자에게 복용시킴.

① 부사   ② 동사   ③ 명사

④ 형용사   ⑤ 감탄사

작은 아씨들

루이자 메이 올콧

크리스마스 이브입니다.

마치 씨네 집 거실 난로 주위에는 네 자매가 둘러 앉아 이야기를 나누며 뜨개질을 하고 있었습니다.

"크리스마스가 왜 이렇게 썰렁하지? 선물이 없으니 파티도 열 수 없잖아."

길고 윤기 나는 갈색 머리를 한 조가 투덜거렸습니다.

"우리 집에 돈이 없어서 그런 걸 어쩌겠니……."

큰언니 메기는 한숨을 쉬면서 초라한 자기 옷을 내려다보았습니다. 메기는 피부가 흰데다가 예쁜 눈을 가지고 있는 소녀입니다. 그래서 한눈에 보아도 매우 사랑스러운 소녀라는 사실을 알 수 있습니다.

"이 세상은 너무 불공평해. 옷장 가득 예쁜 옷이 채워져 있어서 매일 무엇을 입을까 고민 하는 아이가 있는가 하면, 나처럼 같은 옷만 매일 입어야 하는 아이도 있으니 말이야."

막내 에이미가 불평을 늘어놓았습니다. 에이미는 파란 눈과 금빛 물결처럼 곱슬거리는 금 발을 자랑스럽게 여기는 열두 살 귀여운 소녀입니다.

"나는 사랑하는 엄마와 아빠와 언니들과 동생이 있어서 너무 좋아."

셋째인 베스가 행복한 미소를 지으며 말했습니다. 베스는 마음이 너무 곱고 착해서 모두들 좋아하지 않을 수 없습니다. 그렇지만 수줍음이 많습니다.

"하지만 아빠 지금 전쟁터에 계시잖아."

조의 말 한마디 때문에 소녀들이 있는 거실은 다시 썰렁한 분위기가 되었습니다.

소녀들이 살고 있는 이곳은 미국 북부의 작은 마을입니다. 목사인 소녀들의 아빠는 지금 전쟁터에 나가 있고, 소녀들은 엄마와 함께 살고 있습니다.

"엄마가 이번 크리스마스에 선물을 없애자고 하신 것은 지금이 모두에게 어려운 때이기 때 문이야. 그런데 우리만 즐겁게 지내서 되겠니? 이곳의 다른 사람들과 어려움을 함께 나눠 야지."

모두들 침울한 표정을 짓고 있는 것을 본 메기가 큰언니답게 동생들을 타일렀습니다. 언니 의 말에 동생들은 모두 고개를 끄덕였습니다.

▲ 메기

안녕? 나는 마치 가의 맏딸이야. 대상의 이름을 나타내는 말은 명사, 이름을 대신 나타내는 말은 대명사란다. 나와 동생들이 한 말 중에서 다음 말은 무엇일까? 명사이면 △표, 대명사이면 ○표를 해 볼래?

| 우리 | 옷 | 전쟁터 | 이곳 |

▲ 조

난 둘째, '조'라고 해. '우리'와 '이곳'은 대명사, '옷'과 '전쟁터'는 명사라고 잘 표시했지? 다음은 내가 한 말과 행동을 옮겨 쓴 것인데, 빨간색으로 쓰인 말 중 사람이나 사물의 움직임이나 작용을 나타내는 품사 두 가지를 찾아보렴.

"크리스마스가 왜 이렇게 썰렁하지? 선물이 없으니 파티도 열 수 없잖아."
길고 윤기 나는 갈색 머리를 한 조가 투덜거렸습니다.

▲ 베스

동사인 '열다'와 '투덜거리다'를 잘 찾아냈지? 반면에 '썰렁하다'는 형용사란다. 이제 나와 함께 다음 글에서 '매우'와 '이'의 차이점을 알아보고 품사 이름을 말해 보자.

그래서 한눈에 보아도 매우 사랑스러운 소녀라는 사실을 알 수 있습니다.
"이 세상은 너무 불공평해."

▲ 에이미

'매우'는 형용사인 '사랑스럽다'를 꾸며 주는 역할을 하니까 부사이고, '이'는 명사인 '세상'을 꾸며 주는 역할을 하니까 관형사야. 이렇게 풀어서 생각하니 이해하기 쉽지?

앞에서 배운 품사의 개념을 우리와 함께 다시 정리해 보니 어때? 재미있었니?
외모는 닮았지만 성격이 모두 다른 우리 네 자매처럼 단어들도 각각의 성질이 달라서 분류할 수 있단다. 명사, 대명사, 수사, 조사, 동사, 형용사, 관형사, 부사, 감탄사. 총 아홉 가지의 품사를 꼭꼭 기억해~!

문장 성분

" '문장'은 생각이나 감정을 완결된 내용으로 표현하는 가장 작은 언어 형식이에요. 문장을 이루는 데 일정한 역할을 하는 것은 '문장 성분'이고요. 앞에서 배운 품사와 어떻게 다르냐고요? 품사는 단어가 갖는 성질이고, 문장 성분은 문장에서 하는 역할이랍니다. 따라서 문장 성분은 그 역할에 따라 주성분, 부속 성분, 독립 성분으로 나눌 수 있어요. 문장 성분의 종류와 특징을 살펴보아요. "

초등학교에서 배우는 문법 지식과 앞으로 배울 문법 용어 비교하기

초등학교에서 배우는 문법 지식	중학교에서 배울 문법 용어
주어	주어
목적어	목적어
서술어	서술어
·	보어
·	관형어, 부사어
·	독립어

1 주성분: 주어, 서술어, 목적어, 보어

주성분은 문장을 이루는 데 꼭 필요한 기본 성분입니다. 그중 '주어'는 동작이나 상태, 성질의 주체가 되는 문장 성분이고, '서술어'는 주어의 동작이나 상태, 성질 등을 풀이하는 문장 성분입니다. 그리고 '목적어'는 동작이나 행위의 대상이 되는 문장 성분이고, '보어'는 '되다/아니다'를 보충하는 문장 성분입니다.

2~3 부속 성분: 관형어, 부사어 / 독립 성분: 독립어

- 부속 성분은 문장을 이루는 데 꼭 필요한 성분은 아니지만, 주로 주성분을 꾸며 문장 내용을 구체적으로 만드는 성분입니다. 그중 '관형어'는 명사, 대명사, 수사와 같은 체언을 꾸미는 문장 성분이고, '부사어'는 용언이나 관형어, 부사어, 문장 전체를 꾸미는 문장 성분입니다.

- 독립 성분은 주성분, 부속 성분과 직접적인 관련이 없는 문장 성분입니다. 독립 성분에는 문장에서 독립적으로 쓰이는 '독립어'가 있습니다.

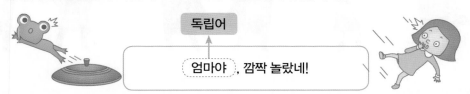

 문장 성분

1 주성분

● **주어('누가 / 무엇이')** → 주성분
  - 문장에서 동작이나 상태, 성질의 주체가 되는 문장 성분입니다.

> • 동생이 웃는다.
>   └→ '누가'
> • 하늘이 맑다.
>   └→ '무엇이'

● **서술어('무엇이다 / 어떠하다 / 어찌하다')** → 주성분
  - 주어의 동작이나 상태, 성질 등을 풀이하는 문장 성분입니다.
  - 서술어에 따라 반드시 필요한 문장 성분이 달라집니다.

> • 그는 작가이다.
>   └→ '무엇이다'(체언+조사 '-이다')
> • 인형이 귀엽다.
>   └→ '어떠하다'(형용사)
> • 아기가 운다.
>   └→ '어찌하다'(동사)
> • 나는 친구를 만났다.
>   └→ '어찌하다'(동사)

● **목적어('누구를 / 무엇을')** → 주성분
  - 풀이하는 말이 표현하는 동작의 대상이 되는 문장 성분입니다.

> • 엄마가 아기를 안았다.
>   └→ '누구를'
> • 아이가 과자를 먹는다.
>   └→ '무엇을'

● **보어('누가 / 무엇이')** → 주성분
  - '이/가'가 붙어서 '되다/아니다'를 보충하는 문장 성분입니다.

> • 나는 학생이 아니다.
>   └→ '아니다'의 의미를 보충함.
> • 물이 얼음이 되었다.
>   └→ '되다'의 의미를 보충함.

1 다음 중 주성분에 대한 설명으로 알맞은 것을 찾아 ○표 하시오.

(1) 주어, 목적어, 서술어만 주성분이다.   (   )

(2) 목적어가 필요하지 않은 문장도 있다.   (   )

(3) '되다/아니다' 앞에 오는 문장 성분은 주어이다. (   )

2 다음 문장에서 각 문장 성분에 해당하는 말을 찾아 쓰시오.

(1)
> 우리는 김치를 잘 먹는다.

① 주어: (   )   ② 목적어: (   )

(2)
> 오빠는 올해 고등학생이 되었다.

① 서술어: (   ) ② 보어: (   )

3 다음 문장의 빈칸에 들어갈 문장 성분으로 알맞은 것을 찾아 ○표 하시오.

(1)
> 친구에게 [   ] 받았다.   (주어 / 목적어 / 보어)

(2)
> 아침부터 비가 [   ]   (주어 / 보어 / 서술어)

(3)
> [   ] 우리를 칭찬하셨다.   (주어 / 목적어 / 보어)

4 다음 문장에서 보어를 찾아 ○표 하시오.

> 아, 벌써 새해가 되었구나!

문장 성분

1 주성분

1 다음 중 주성분으로만 이루어진 문장은 무엇입니까? (   )

① 잎이 참 무성하다.　　　　　　② 예쁜 차가 지나간다.

③ 아버지! 빨리 오세요.　　　　　④ 아이가 엄마를 기다린다.

⑤ 확실히 동생은 똑똑하다.

2 다음 ㉠~㉧의 문장 성분을 알맞게 구분하여 기호를 쓰시오.

> ㉠어머니께서 어제 병원에서 ㉡아기를 ㉢낳으셨다. 그래서 ㉣나는 이제 ㉤누나가 ㉥되었다. 빨리 ㉦동생을 ㉧보고 싶다.

(1) 주어: (　　　　　　　　　)　　(2) 서술어: (　　　　　　　　　)

(3) 목적어: (　　　　　　　　　)　　(4) 보어: (　　　　　　　　　)

3 다음 중 ㉠과 같은 문장 성분에 밑줄 친 것은 무엇입니까? (   )

> ㉠경찰이 그 사건을 조사하고 있다.

① 놀이터에서 놀았다.　　　　　　② 초콜릿을 많이 먹었다.

③ 나는 검사가 되고 싶다.　　　　④ 아버지께서 요리를 하셨다.

⑤ 나는 영희에게 선물을 주었다.

4 다음 중 빈칸에 서술어가 들어가야 할 문장은 무엇입니까? (   )

① 정말 ☐☐☐ 대단해!　　　　　② 오늘은 ☐☐☐ 일요일이다.

③ 너는 어디에서 ☐☐☐ 사니?　　④ 약속한 ☐☐☐이 다 되었다.

⑤ 나는 물을 ☐☐☐, 소라는 우유를 마셨다.

5 다음 글에서 ㉠과 ㉡에 대한 설명으로 알맞은 것은 무엇입니까? (   )

> 인상파 화가 반 고흐의 작품 중에 '해바라기'가 있다. 영국 일간지 가디언의 보도에 따르면, ㉠'해바라기'의 노란색이 갈색으로 변해 가고 있다. 네덜란드와 벨기에 과학자들이 2년 간 X레이 장비를 통해 확인한 결과, 꽃잎과 줄기의 노란색이 올리브 갈색으로 변하고 있음을 알아냈다. ㉡변색의 원인은 물감이었다. 고흐는 크롬 성분이 들어 있는 두 종류의 노란색 물감을 사용했는데 이 중 하나가 빛에 따른 변색에 취약한 것으로 알려져 있다. 고흐는 같은 성분의 노란 물감을 많이 사용했기 때문에 고흐의 다른 그림에서도 변색이 이뤄지고 있을 것으로 추정된다.
>
>
>
> • 변색(變 변할 변, 色 색깔 색): 빛깔이 변하여 달라짐. 또는 빛깔을 바꿈.
> • 취약(脆 연할 취, 弱 약할 약): 무르고 약함.
> • 추정(推 밀 추, 定 정할 정): 미루어 생각하여 판정함.

① ㉠에는 보어가 쓰였다.
② ㉠은 주어가 생략되었다.
③ ㉡은 주어가 생략되었다.
④ ㉠과 ㉡은 주성분으로만 이루어져 있다.
⑤ ㉠과 ㉡에서 주성분은 주어와 서술어만 쓰였다.

쓰기 쑥쑥

6 다음 중 목적어가 필요한 서술어는 무엇인지 ○표 하고, 그 서술어를 넣어 문장을 지어 쓰시오.

목적어가 필요한 서술어 찾기	(1) 아름답다 / 초등학생이다 / 받다
문장 쓰기	(2)

7 문장 성분 중 보어를 포함한 문장을 지어 쓰시오.

....

....

2 부속 성분 ~ 3 독립 성분

● **관형어('어떤')** → 부속 성분

– 명사, 대명사, 수사와 같은 체언을 꾸며 주는 문장 성분입니다.

– 관형사, 체언에 조사 '의'가 붙은 말, 용언에 '-(으)ㄴ', '-는', '-던', '-(으)ㄹ' 등이 붙
은 말 등입니다.
→ 동사, 형용사

> • 옛 친구를 만났다.
> └ 관형사
> • 짝은 착한 아이이다.
> └ 용언+'-ㄴ'
>
> • 마을의 풍경이 예쁘다.
> └ 체언+조사 '의'
> • 달리는 사람들이 많다.
> └ 용언+'-는'

● **부사어('어떻게' 등)** → 부속 성분

– 주로 용언을 꾸며 주며, 관형어나 다른 부사어 등을 꾸며 주기도 하는 문장 성분입
니다.

– 부사, 체언에 부사어를 만드는 조사가 붙은 말, 용언에 '-게', '-도록', '-아서/-어
서', '-듯이', '-이' 등이 붙은 말입니다.
└ '에', '에서', '으로/로', '와/과', '까지' 등

> • 책이 아주 재미있다.
> └ 부사
> • 나는 친구에게 사과했다.
> └ 체언+조사 '에게'
>
> • 우리는 도서관으로 갔다.
> └ 체언+조사 '으로'
> • 지호는 손을 깨끗하게 씻었다.
> └ 용언+'-게'

● **독립어** → 독립 성분

– 문장 안에서 다른 문장 성분들과 직접적인 관련이 없는 문장 성분입니다.

– 감탄사, 체언에 조사 '아/야', '이여/여' 등이 붙어서 누군가를 부르는 말 등입니다.

> • 자, 모두 앉으세요.
> └ 감탄사
>
> • 소희야, 이리 와.
> └ 체언+조사 '야'

1 다음 설명이 알맞으면 ○표, 알맞지 않으면 ×표 하시오.

(1) 관형어는 체언만 꾸며 주고, 부사어는 용언만 꾸며 준다. (   )

(2) 독립어는 문장에서 다른 문장 성분과의 관계가 긴밀하다. (   )

(3) 관형어와 부사어는 부속 성분이고, 독립어는 독립 성분이다. (   )

2 다음 문장에서 관형어를 찾아 ○표 하시오.

(1) 아저씨는 풀밭의 잡초를 열심히 뽑았다.

(2) 아기는 새 신발을 신고 폴짝폴짝 뛰었다.

3 다음 보기 처럼 부사어에 ○표 하고, 그 부사어가 꾸며 주는 대상을 표시해 보시오.

보기
시간이 늦었으니, 어서 떠나자.

(1) 민우가 사과를 식탁에 두었다.

(2) 나는 화가 나서 문을 세차게 두드렸다.

4 다음 문장에서 독립어를 찾아 쓰시오.

채운아, 어서 일어나. 지각하겠다!

(   )

2 부속 성분 ~ 3 독립 성분

문장 성분

1 다음 ㉠~㉣에 대한 설명으로 알맞은 것은 무엇입니까? (   )

> ㉠친구야, 체육 시간에 내가 ㉡너의 발을 ㉢두 번이나 밟았어. 네가 아팠을 것 같아서 ㉣무척 미안해. 다음부터는 조심할게.

① ㉠과 ㉡은 독립어이다.　　　　② ㉡과 ㉢은 관형어이다.
③ ㉢과 ㉣은 부사어이다.　　　　④ ㉠과 ㉣은 부속 성분이다.
⑤ ㉡과 ㉢은 독립 성분이다.

2 다음 중 관형어가 쓰이지 않은 문장은 무엇입니까? (   )

① 은희가 맨 앞에 앉았다.　　　　② 노란 국화꽃이 피었다.
③ 우리의 소원은 통일이다.　　　　④ 나는 노래에 소질이 있다.
⑤ 유하가 커다란 상자를 열었다.

3 다음 중 밑줄 친 말이 부사어가 아닌 것을 찾아 기호를 쓰시오.

> ㉠ 고양이는 강아지와 다르다.
> ㉡ 함박눈이 펑펑 내리고 있다.
> ㉢ 현우는 차가운 음료수를 좋아한다.
> ㉣ 혜영이가 시끄럽게 떠들어서 혼이 났다.

(   )

4 다음 빈칸에 들어갈 말의 문장 성분은 무엇입니까? (   )

> 나연: 서준아, 풀 있니?　　　　서준: ☐☐☐, 여기에 있어.

① 주어　　　　　　② 목적어　　　　　　③ 관형어
④ 부사어　　　　　⑤ 독립어

실력
쑥쑥

| 정답 및 풀이 **19쪽** |

5 다음 ㉠~㉑을 문장 성분에 따라 구분하여 각각 기호를 쓰시오.

> 어느 날, 공자가 ㉠신기한 구슬을 얻었는데, 그 구슬에 뚫린 구멍은 아홉 굽이로 구부러져 있어서 쉽사리 실이 꿰어지지 않았다. 공자는 구슬에 실을 ㉡어떻게 꿰어야 할지 고민했다.
>
> "㉢아하, 바느질을 하는 아낙네들은 방법을 알고 있을 거야!"
>
> 공자는 근처의 뽕밭에서 일하던 아낙네에게 다가가 궁금한 것을 물었다.
>
> "꿀을 두고 ㉣찬찬히 생각해 보세요."
>
> 아낙네의 말을 듣고 곰곰이 생각하던 공자는 마침내 ㉤그 말의 의미를 깨달았다. 공자는 나무 아래에 있는 개미를 붙잡아 그 허리에 실을 묶었다. 그런 다음, 개미를 ㉥구슬의 구멍에 밀어 넣고 반대편 구멍에 꿀을 발랐다. 그러자 꿀 냄새를 맡은 개미가 구멍을 통과했고, 덕분에 공자는 구슬을 ㉑실에 꿸 수 있었다.

• 아낙네: 남의 집 부녀자를 통속적으로 이르는 말.

관형어	부사어	독립어
(1)	(2)	(3)

쓰기 쑥쑥

6 오른쪽 그림을 보고 관형어와 부사어를 모두 넣은 문장을 한 가지 지어 쓰시오.

....

....

7 다음 빈칸에 들어갈 문장을 독립어를 넣어 쓰시오.

주현: 밖에 눈이 와.

유리: [ ]

....

....

 **문장 성분**

1 다음 중 문장 성분에 대한 설명으로 알맞은 것은 무엇입니까? (   )

① 보어와 독립어는 독립 성분이다.

② 주성분은 주어, 부사어, 서술어이다.

③ 부속 성분은 문장을 이루는 데 꼭 필요한 성분이다.

④ 관형어와 부사어는 독립어를 꾸며 주는 문장 성분이다.

⑤ 독립 성분은 주성분, 부속 성분과 직접적인 관련이 없다.

2 다음 ㉠～㉤에 대한 설명으로 알맞지 <u>않은</u> 것은 무엇입니까? (   )

㉠『동백꽃』은 1936년에 발표된 김유정의 단편 소설이다. 1930년대 강원도 산골 마을을 배경으로 하여 농촌의 순박한 처녀 총각이 사랑에 눈떠 가는 ㉡과정을 ㉢재미있게 그렸다. 이 소설의 주인공은 열일곱 살인 '나'와 점순이이다. 점순이는 ㉣마름의 딸이고 '나'는 소작인의 아들이다. '나'를 좋아하는 점순이와 그 마음을 몰라 주는 '나'의 순박함이 읽는 이에게 재미를 ㉤준다.

• 순박한: 거짓이나 꾸밈이 없이 순수하며 인정이 두터운.
• 마름: 지주를 대리하여 소작권을 관리하는 사람.
• 소작인: 다른 사람의 농지를 빌려 농사를 짓고 그 대가로 사용료를 지급하는 사람.

① ㉠은 '무엇이'에 해당하는 주어이다.

② ㉡은 동작이나 행위의 대상이 되는 보어이다.

③ ㉢은 '그렸다'를 꾸며 주는 부사어이다.

④ ㉣은 '딸'을 꾸며 주는 관형어이다.

⑤ ㉤은 '어찌하다'에 해당하는 서술어이다.

3 주성분으로만 이루어진 문장을 한 가지 쓰시오.

_____

_____

4 다음 중 밑줄 친 말을 생략해도 문장의 뜻이 통하는 것을 모두 고르시오. (　,　,　)

① 오늘은 <u>꼭</u> 회의에 참석해야겠다.

② 경찰은 공원에서 <u>아이를</u> 찾았다.

③ 나는 미술 시간을 <u>제일</u> 좋아한다.

④ 동생은 점점 <u>장난꾸러기가</u> 되었다.

⑤ 희수는 <u>재미있는</u> 책을 빌리러 도서관에 갔다.

5 다음 ㉠~㉤ 중 관형어가 아닌 것을 두 가지 찾아 기호를 쓰시오.

> ㉠야외에서 활동할 때 모기에 물리지 않으려면 ㉡어떤 준비를 해야 할까요? 먼저, ㉢긴 옷을 입어 피부가 ㉣겉으로 드러나지 않게 해야 합니다. 그리고 ㉤진한 향수는 모기를 끌어들일 수 있으므로 사용하지 않습니다.

(　　,　　)

6 다음 빈칸에 들어갈 알맞은 부사어를 쓰시오.

> 지한이가 방을 [　　　] 청소했다.

(　　　　　　)

7 다음 중 독립어가 쓰인 문장이 아닌 것은 무엇입니까? (　　　)

① 네, 그렇게 하겠습니다.

② 주원아, 숙제는 다했니?

③ 애들아, 우리와 함께 축구를 하자.

④ 은유는 책을 읽고, 경희는 그림을 그린다.

⑤ 참, 그 책을 가지고 오는 것을 깜빡 잊었네.

톰 아저씨의 오두막

해리엇 비처 스토

셸비 씨의 저택에서 뒤쪽으로 조금 떨어진 곳에는 톰 아저씨의 오두막집이 있었습니다. 이 오두막집에는 톰과 그의 아내인 클로우 아주머니, 그리고 세 명의 아이가 함께 살고 있었습니다. 오두막집은 예쁜 덩굴 장미로 아름답게 뒤덮여 있었습니다.

클로우 아주머니는 셸비 씨 집에서 요리를 담당하고 있는 뛰어난 요리사였습니다. 아주머니는 부엌에서 부지런히 저녁 식사 준비를 하고 있었습니다.

그사이 톰 아저씨는 식탁 앞에 앉아서 공부를 하고 있었습니다. 어릴 때 노예 상인에게 팔려 온 톰 아저씨는 한번도 학교를 다닌 적이 없었습니다. 톰 아저씨를 가르치는 선생님은 주인댁의 도련님인 조지였습니다.

"에이 참. 또 틀렸잖아. 그건 g(지)가 아니라 q(큐)야. 이렇게 써야 맞지요."

열세 살짜리 선생님은 비뚤비뚤 글씨를 쓰고 있는 톰 아저씨를 꾸짖었습니다.

톰 아저씨는 뒤통수를 긁적이며 멋쩍게 웃었습니다.

"허허. 도련님은 글씨를 참 예쁘게 잘 쓰네요."

그때, 클로우 아주머니가 김이 모락모락 나는 케이크를 가지고 있었습니다.

"자, 맛있는 케이크가 왔습니다. 도련님, 배고플 테니 어서 드세요."

"와, 나는 아주머니가 만든 케이크가 제일 맛있어요."

조지는 코를 킁킁거리며 입이 함박만 해졌습니다. 사실, 클로우 아주머니의 음식 솜씨는 주위에서 다 알아주었습니다. 어떤 음식이든 못 만드는 게 없었습니다.

조지는 케이크를 맛있게 먹으면서 말했습니다.

"클로우 아주머니, 다음 주에 내 친구 링컨이 놀러 오기로 했어요. 그때도 케이크를 만들어 줄 수 있어요?"

"그럼요. 얼마든지 만들어 드리지요."

클로우 아주머니가 흔쾌히 대답했습니다.

안녕? 나는 톰 아저씨야. 나는 오두막집에 살던 흑인 노예로, 누구에게나 친절하고 마음이 착하단다. 나는 셀비 씨의 아들인 조지 도련님으로부터 글자를 배우면서 다음과 같이 도련님을 칭찬했지.

"도련님은 글씨를 참 예쁘게 잘 쓰네요."

나는 조지야. 톰 아저씨가 나를 칭찬한 이 문장에서 문장을 이루는 데 꼭 필요한 주성분은 무엇일까? 아래를 보고 문장의 주성분만 골라 동그라미를 쳐 보자.

| 도련님은 | 글씨를 | 참 | 예쁘게 | 잘 | 쓰네요 |

 문장을 이루는 데 꼭 필요한 주어, 서술어, 목적어, 보어가 바로 주성분이지. 이 문장에서 주성분은 주어인 '도련님은'과 목적어인 '글씨를', 서술어인 '쓰네요'야. 모두 잘 찾았겠지?

내가 아저씨와 글자 공부를 하고 있을 때 클로우 아주머니가 케이크를 가지고 오셨어. 마침 출출했는데 아주머니의 이 말이 얼마나 반갑던지!

"자, 맛있는 케이크가 왔습니다."

이번에는 아주머니가 말한 이 문장에서 부속 성분을 찾아볼까? 부속 성분은 문장을 이루는 데 꼭 필요한 성분은 아니지만, 주성분을 꾸며 문장 내용을 구체적으로 만들지. 부속 성분을 골라서 동그라미를 쳐 봐.

| 자 | 맛있는 | 케이크가 | 왔습니다 |

 답은 '맛있는'이야. 형용사 '맛있다'에 '-는'을 붙인 '맛있는'은 관형어로 부속 성분이고, 생략해도 문장의 뜻이 잘 통하지. '자'는 감탄사로, 독립어야. 나는 그럼 이제 조지 도련님과 공부하러 가 볼게. 내가 앞으로도 주인댁 도련님과 평화롭게 살아갈 수 있을지 상상해 보렴.

5

문장의
표현

" 문장 성분만 제대로 갖추면 완벽한 문장일까요? 전하려는 의미와 말하는 상황에 어울리는 표현을 사용해야 완벽한 문장이 되지요. 그러려면 사건이 일어난 때에 맞는 시간 표현과 대상에 알맞은 높임 표현을 사용해야 해요. 그리고 표현하고자 하는 문장의 종류에 따라 문장을 끝맺어야 하지요. 또, 문장 전체나 일부를 부정할 때에는 알맞은 부정 표현도 사용해야 해요. 문장의 표현 방법을 익혀 제대로 된 문장을 써 보아요. "

초등학교에서 배우는 문법 지식과 앞으로 배울 문법 용어 비교하기

초등학교에서 배우는 문법 지식	중학교에서 배울 문법 용어
시간을 나타내는 말	시간 표현
·	시제
높임 표현	높임 표현
·	종결 표현
평서문, 의문문, 명령문, 청유문, 감탄문	평서문, 의문문, 명령문, 청유문, 감탄문
·	부정 표현

1 시간 표현

'시간 표현'은 어떤 사건이나 사실이 일어난 때를 나타내는 표현을 말하며, 사건이 일어난 때가 말하는 때보다 앞서면 '과거', 같으면 '현재', 나중이면 '미래'입니다.

과거

현재

미래

2 높임 표현

문장의 주어를 높여서 표현하는 것은 '주체 높임법', 문장의 목적어나 부사어가 지시하는 대상을 높여서 표현하는 것은 '객체 높임법', 대화 상대인 듣는 이에 따라 높이거나 낮춰서 표현하는 것은 '상대 높임법'입니다.

아이가 밥을 먹는다.

할아버지께서 진지를 잡수신다.

3 종결 표현

'평서문'은 하고 싶은 말을 단순히 전달하는 문장, '의문문'은 질문을 하여 대답을 요구하는 문장, '명령문'은 무엇을 시키거나 행동을 요구하는 문장, '청유문'은 함께 할 것을 요청하는 문장, '감탄문'은 자신의 느낌을 표현하는 문장입니다.

| 평서문 | 의문문 | 명령문 | 청유문 | 감탄문 |

(책을) 읽는다. / 읽니? / 읽어라. / 읽자. / 읽는구나!

4 부정 표현

부정을 나타내는 말을 써서 문장 전체 또는 일부를 부정하는 것을 '부정 표현'이라고 하고, 부정문에는 '안' 부정문과 '못' 부정문이 있습니다.

밥을 안 먹는다.

밥을 못 먹는다.

문장의 표현

1 시간 표현

● 과거

– 사건이 일어난 때가 사건에 대해 말하는 때보다 앞선 시간 표현입니다.
– 동사나 형용사에 '-았-/-었-', '-았었-/-었었-', '-더-'를 붙여서 표현하며,
'어제', '옛날', '이미' 등의 시간을 나타내는 말을 함께 사용하기도 합니다.

> • 나는 이미 밥을 먹었다.
> └─• 먹-+-었-+-다
>
> • 어제 비가 왔더라.
> └─• 오-+-았-+-더-+-라

● 현재

– 사건이 일어난 때와 사건에 대해 말하는 때가 같은 시간 표현입니다.
– 동사는 '-(으)ㄴ-/-는-'을 붙여서 표현하고, 형용사는 기본형이 그대로 현재를 나
타냅니다. '지금', '오늘' 등의 시간을 나타내는 말을 함께 사용하기도 합니다.

> • 나는 지금 학교에 간다.
> └─• 가-+-ㄴ-+-다
>
> • 오늘은 덜 졸리다.
> └─• 형용사의 기본형

● 미래

– 사건이 일어난 때가 사건에 대해 말하는 때보다 나중인 시간 표현입니다.
– 동사나 형용사에 '-겠-', '-(으)리-'를 붙이거나 '-(으)ㄹ 것'으로 표현하며, '내일',
'모레' 등의 시간을 나타내는 말을 함께 사용하기도 합니다.

> • 내일 다시 오겠습니다.
> └─• 오-+-겠-+-습니다
>
> • 모레 눈이 올 것이다.
> └─• 오-+-ㄹ+것

> 민호야, 어제 뭐 했어?
>
> 주미는 과거를 묻고, 민호는 미래를 말하네.
>
> 나는 내일 새로 나온 영화 보러 갈 거야.
>
> 송이, 넌 현재를 말하고 있고, 하하!

1 다음 중 시간 표현에 대한 설명으로 알맞은 것에 ○표 하시오.

(1) '내일', '내년', '먼 훗날'은 과거를 나타내는 말이다. ( )

(2) 동사에 '-(으)ㄴ-/-는-'을 붙여서 현재를 표현할 수 있다. ( )

(3) 사건이 일어난 때가 사건에 대해 말하는 때보다 앞선 시간 표현은 미래이다.

( )

2 다음 문장의 시간 표현에 알맞게 선으로 이으시오.

(1) 아이들이 고기를 잡는다. •

(2) 나는 식목일에 꽃을 심었다. •

(3) 내일은 소나기가 쏟아지겠다. •

• ㉮ 과거

• ㉯ 현재

• ㉰ 미래

3 주어진 시간 표현에 알맞은 말을 ( ) 안에서 골라 ○표 하시오.

(1) 과거 | 아침밥을 (먹겠다 / 먹는다 / 먹었다).

(2) 현재 | 동생이 낮잠을 (잔다 / 잤다 / 자겠다).

(3) 미래 | 나는 운동장을 (달린다 / 달렸다 / 달릴 것이다).

4 밑줄 친 서술어에 알맞은 시간을 나타내는 말을 ( ) 안에서 골라 ○표 하시오.

우리 가족은 (지금 / 모레 / 엊그제) 박물관에 <u>갔었다.</u>

5. 문장의 표현 **75**

1 시간 표현

1 다음 문장에서 시간 표현이 나타난 부분을 두 가지 고르시오. (,   )

> 나는 내일 반드시 수영을 배우겠다.

① 나는   ② 내일   ③ 반드시
④ 수영을   ⑤ 배우겠다

2 다음 중 시간 표현이 같은 문장끼리 바르게 나눈 것은 무엇입니까? (   )

> ㉠ 방이 깨끗하다.   ㉡ 형이 집에 올 것이다.
> ㉢ 영화가 참 재미있었다.   ㉣ 화가가 그림을 그린다.
> ㉤ 동생이 숙제를 하지 못했다.   ㉥ 나는 꿈을 이루고야 말겠다.

① ㉠, ㉡ / ㉢, ㉣ / ㉤, ㉥   ② ㉠, ㉣ / ㉡, ㉥ / ㉢, ㉤
③ ㉠, ㉤ / ㉡, ㉢ / ㉣, ㉥   ④ ㉠, ㉥ / ㉡, ㉢ / ㉣, ㉤
⑤ ㉠, ㉥ / ㉡, ㉤ / ㉢, ㉣

3 다음 문장의 빈칸에 들어갈 말이 알맞게 짝 지어진 것은 무엇입니까? (   )

> 범준이는 [   ] 도서관에서 공부를 [   ].

① 오늘 – 하다   ② 내일 – 했다   ③ 어제 – 했다
④ 예전에 – 한다   ⑤ 지난주에 – 할 것이다

4 다음 문장의 시간 표현에 알맞은 시간을 나타내는 말을 빈칸에 쓰시오.

> 학생들은 (   ) 운동장에서 축구를 한다.

5 다음 ㉠~㉤ 중 시간 표현이 다른 것을 골라 기호를 쓰고, 그 문장을 나머지와 같은 시간 표현으로 바꾸어 쓰시오.

> 인도의 마줄리 섬은 1970년대에 큰 홍수가 나고 가뭄이 이어지면서 야생 동물이 살 수 없을 만큼 황폐해졌다. ㉠자다브 파잉이라는 남자는 마줄리 섬이 메말라 가는 것이 안타까웠다. 그래서 ㉡혼자서라도 섬을 되살리겠다고 결심했다. ㉢그는 매일 나무를 심고 씨를 뿌렸다. 그렇게 노력한 지 40년이 지나자 황폐했던 땅에 거대한 숲이 우거졌다. ㉣숲이 생기자 떠났던 동물들도 다시 모여들었다. 한 사람의 끈질긴 노력으로 자연이 되살아난 것이다. 자연이 훼손되면 결국 인간도 위험해진다고 말하는 파잉은 '㉤죽을 때까지 묘목을 심고 씨앗을 뿌릴 것이다.'라며 의지를 다졌다.
>
>
>
> • 황폐해졌다: 집, 토지, 삼림 따위가 거칠어져 못 쓰게 되었다.
> • 묘목: 옮겨 심는 어린나무.

시간 표현이 다른 것	(1)
문장 바꾸어 쓰기	(2)

쓰기 쑥쑥

6 어제 있었던 일을 알맞은 시간 표현을 사용해 한 문장으로 쓰시오.

....

....

7 미래를 나타내는 부사어를 한 가지 쓰고, 그 부사어를 넣어 문장을 쓰시오.

부사어	(1)
문장 쓰기	(2)

문장의 표현

2 높임 표현

● **주체 높임법**
└→ 문장 내에서 서술어의 동작이나 상태를 나타내는 대상
– 문장의 주어를 높이는 높임 표현입니다.
– 주어에 조사 '이/가' 대신 '께서'를 붙이고, 서술어에 '−시−'를 넣어서 표현합니다.
– '여쭈다', '주무시다' 등과 같은 높임의 뜻을 가진 말을 사용해 표현하기도 합니다.

> • 어머니께서 주무신다.   • 선생님께서 발이 크시다.
> └→ 발을 높여 선생님을 간접적으로 높임.

● **객체 높임법**
└→ 문장 내에서 서술어의 동작이 미치는 대상
– 문장의 목적어나 부사어가 지시하는 대상을 높이는 높임 표현입니다.
– 부사어에 조사 '에게' 대신 '께'를 붙이고, '뵙다', '드리다', '모시다', '잡수시다' 등과
같은 높임의 뜻을 가진 말을 사용해 표현하기도 합니다.

> • 민주가 할머니를 모시고 왔다.   • 선우가 숙제를 선생님께 드렸다.

● **상대 높임법**
– 말하는 사람이 대화 상대인 듣는 이에 따라 말을 높이거나 낮추는 높임 표현입니다.
– 서술어를 다음과 같은 말로 끝맺어서 높이는 정도를 조절할 수 있습니다.

높임	−ㅂ시오, −오, −요 등	낮춤	−게, −어라, −어 등

> • 이리 오십시오.   • 이리 오시오.   • 이리 오세요.

| 정답 및 풀이 23쪽 |

1 다음 문장에서 높임의 대상을 찾아 ○표 하시오.

(1) 엄마께서 동생을 업고 계신다.

(2) 오빠가 아버지께 신문을 가져다 드렸다.

2 다음 문장에 나타난 높임 표현의 종류를 구분하여 알맞게 선으로 이으시오.

(1) 어머니, 비가 내려요. ·   · ㉮ 주체 높임법

(2) 아빠께서 요리를 하신다. ·   · ㉯ 객체 높임법

(3) 나는 선생님께 편지를 드렸다. ·   · ㉰ 상대 높임법

3 다음 문장의 밑줄 친 말을 알맞은 높임 표현으로 고쳐 쓰시오.

(1) 할머니께서는 키가 크다. ⇨ (   )

(2) 할아버지께서 진지를 먹는다. ⇨ (   )

4 다음 문장을 보고 (   ) 안의 알맞은 말을 두 가지 골라 ○표 하시오.

할머니, 안녕히 (자요 / 자라 / 자십시오 / 주무세요 / 주무십시오).

문장의 표현

2 높임 표현

1 다음 중 높임 표현의 종류가 나머지와 다른 것은 무엇입니까? (   )

① 은주가 선생님께 물을 드렸다.　　② 형이 할아버지를 모시러 갔다.

③ 주말에 할머니를 뵈러 다녀왔다.　　④ 아버지께서 나에게 용돈을 주셨다.

⑤ 엄마께 출발 시간을 여쭈어 보았다.

2 다음 중 문장의 빈칸에 들어갈 말이 다른 것은 무엇입니까? (   )

① 나는 부모님☐ 편지를 썼습니다.

② 할아버지☐ 이것을 전해 드리렴.

③ 내일 어머니☐ 학교에 모시고 와라.

④ 멀리 계신 삼촌☐ 안부 전화를 드렸다.

⑤ 숙제를 하지 않아서 선생님☐ 혼이 났다.

3 다음 중 높임 표현이 바르게 쓰인 문장을 모두 찾아 기호를 쓰시오.

> ㉠ 선생님, 저희 왔어.　　　　　　㉡ 아버지께서는 바쁘시다.
>
> ㉢ 나는 이모께 손을 흔드셨다.　　㉣ 어머니께서 동생을 돌보신다.
>
> ㉤ 은우가 할아버지를 데리고 왔어.　㉥ 동생은 할머니께 음료수를 드렸다.

(　　 , 　　 , 　　)

4 다음 문장의 밑줄 친 부분을 알맞은 높임 표현으로 고쳐 쓰시오.

(1)
> 손님, 햄버거 나오셨어.

(　　　　　　　　　　)

(2)
> 할머니, 동생은 주무시고 계세요.

(　　　　　　　　　　)

5 다음 ㉠~㉢에 대한 설명으로 알맞은 것은 어느 것입니까? (   )

> 지난 주말, ㉠아빠께서 경복궁으로 나들이를 가자고 하셨다. 나와 누나는 뛸 듯이 기뻐하며 집을 나섰다. 우리 가족은 지하철을 타고 경복궁에 도착했다. ㉡입구에서부터 문화재 해설사 아저씨께서 경복궁에 대해 설명해 주셨다.
>
> ㉢"아빠, 저 건물은 정말 웅장해요."
>
> 누나가 가리킨 것은 경복궁에서 가장 먼저 보이는 근정전이었다. ㉣해설사 아저씨께서 근정전은 국가의 중요한 의식이 거행되던 곳이라고 말씀하셨다. 근정전 마당의 품계석 앞에 선 ㉤나는 엄마께 사진을 찍어 달라고 부탁드렸다. 누나도 내 뒤에 서서 함께 사진을 찍었다.
>
>
>
> • **거행되던**: 의식이나 행사 따위가 치러지던.
>
> • **품계석**: 조선 시대에, 벼슬자리에 대하여 매기던 등급을 새겨서 대궐 안의 정전 앞뜰에 세운 돌.

① ㉠: 상대 높임법이 나타난 문장이다.

② ㉡: 높임 표현이 나타나지 않은 문장이다.

③ ㉢: '건물은'을 높이기 위해 서술어를 '-요'로 끝맺었다.

④ ㉣: 주어를 높이기 위해 높임의 뜻을 가진 단어를 서술어로 사용했다.

⑤ ㉤: '부탁드렸다'를 '부탁하셨다'로 고쳐야 알맞은 높임 표현이 된다.

쓰기 쑥쑥

6 선생님께 다음과 같은 말을 들은 현우가 수민이에게 전해야 할 말을 쓰시오.

> "현우야, 수민이에게 교무실로 오라고 하렴."

_____

_____

7 자신이 부모님께 부탁하고 싶은 점을 떠올려 보고, 알맞은 높임 표현을 사용해 두 문장으로 쓰시오.

_____

_____

3 종결 표현

문장의 표현

● 종결 표현

종결 표현은 문장을 끝맺는 데 쓰이는 표현으로, <u>문장을 끝맺는 말</u>에 따라 문장의 종류
_{종결 어미}
가 달라집니다.

● 종결 표현에 따른 문장의 종류

– 평서문: 말하는 이가 듣는 이에게 특별히 요구하는 것 없이 하고 싶은 말을 단순히 전
달하는 문장입니다.

> • 학교에 가다.   • 학교에 가네.   • 학교에 갔습니다.
> └'-다'   └'-네'   └'-ㅂ니다'

– 의문문: 말하는 이가 듣는 이에게 질문을 하여 대답을 요구하는 문장입니다.

> • 지금 몇 시냐?   • 지금 몇 시니?   • 지금 몇 시입니까?
> └'-느냐/냐'   └'-니'   └'-ㅂ니까'

– 명령문: 말하는 이가 듣는 이에게 무엇을 시키거나 행동을 요구하는 문장입니다.

> • 숙제를 해라.   • 숙제를 하게.   • 숙제를 하십시오.
> └'-아라/어라'   └'-게'   └'-ㅂ시오'

– 청유문: 말하는 이가 듣는 이에게 어떤 행동을 함께할 것을 요청하는 문장입니다.

> • 수영하러 가자.   • 수영하러 가세.   • 수영하러 갑시다.
> └'-자'   └'-세'   └'-ㅂ시다'

– 감탄문: 말하는 이가 듣는 이를 별로 의식하지 않거나 혼잣말처럼 자신의 느낌을 표
현하는 문장입니다.

> • 하늘이 참 맑구나!   • 하늘이 참 맑군!   • 하늘이 참 맑구려!
> └'-구나'   └'-군'   └'-구려'

1 종결 표현에 대한 설명이 알맞으면 ○표, 알맞지 <u>않으면</u> ×표 하시오.

(1) 평서문과 의문문의 끝에는 같은 문장 부호를 붙인다. (   )

(2) 문장을 끝맺는 말을 살펴보면 문장의 종류를 알 수 있다. (   )

(3) 의문문과 명령문은 듣는 이에게 무언가를 요구하는 문장이다. (   )

2 다음 문장의 종류를 구분하여 알맞게 선으로 이으시오.

(1) 늦었으니 빨리 가자.   •   • ㉮ 평서문

(2) 건하가 어제 도서관에 갔었니? •   • ㉯ 의문문

(3) 우리나라는 사계절이 뚜렷하다. •   • ㉰ 청유문

3 다음 주어진 문장의 종류에 알맞은 문장을 찾아 기호를 쓰시오.

(1) | 명령문 | ㉠ 문을 열까?   ㉡ 밥을 먹자.   ㉢ 소리를 줄여라.

(   )

(2) | 감탄문 | ㉠ 바람이 시원하다.   ㉡ 빗소리가 듣기 좋구나!

(   )

4 다음 문장이 청유문이 되도록 (   ) 안의 알맞은 말에 ○표 하시오.

둘이 함께 생각해 (볼까? / 보아라. / 봅시다.)

3 종결 표현

문장의 표현

1 다음 중 문장의 종류를 바르게 파악한 것은 무엇입니까? (   )

① 눈이 오면 얼마나 좋을까? ⇨ 감탄문

② 아, 벌써 아침이 밝았구나! ⇨ 의문문

③ 내일 아침에 청소를 할게요. ⇨ 평서문

④ 건강을 위해서 음식을 골고루 먹자. ⇨ 명령문

⑤ 이번 방학에는 운동을 열심히 해라. ⇨ 청유문

2 주어진 문장의 종류에 알맞게 문장을 끝맺는 말을 빈칸에 각각 쓰시오.

(1)	평서문	은서가 자전거를 타고 있( ).
(2)	의문문	너도 그림 그리기를 좋아하( )?
(3)	감탄문	하늘에 뜬 보름달이 정말 밝( )!

3 다음 설명에 해당하는 문장이 <u>아닌</u> 것은 무엇입니까? (   )

> 말하는 이가 듣는 이에게 무엇을 시키거나 행동을 요구하는 문장

① 어서 길을 떠나게.   ② 반찬을 골고루 먹자.

③ 아침에 일찍 일어나라.   ④ 잔디밭에 들어가지 마시오.

⑤ 도서관에서는 조용히 하십시오.

4 다음 빈칸에 공통으로 들어갈 문장 부호를 쓰시오.

> • 노래를 부른다 ☐   • 영화 보러 가자 ☐   • 책상 위를 치워라 ☐

(   )

5 다음 글에 쓰이지 <u>않은</u> 문장의 종류는 무엇입니까? (   )

> 판소리에 대해 알고 있나요? 소리꾼이 장단에 맞추어 몸짓과 이야기를 섞어서 부르는 노래인 판소리는 '소리'와 '아니리', '발림'으로 이루어져 있습니다. 소리꾼이 노래로 부르는 것은 '소리', 말로 장면을 묘사하거나 설명하는 것은 '아니리'라고 합니다. '발림'은 소리꾼의 손짓이나 몸짓입니다. 공연이 무르익으면 관중은 소리꾼과 고수를 향해 호응을 합니다.
>
> "얼씨구, 잘한다!"
>
> 이처럼 관중이 호응하는 소리인 '추임새'는 판소리를 더욱 흥겹게 합니다. 판소리를 볼 때엔 자신의 흥을 담은 추임새를 던져 봅시다. 그러면 판소리를 더 재미있게 즐길 수 있을 거예요.
>
>
>
> • 묘사: 어떤 대상이나 사물, 현상 따위를 언어로 서술하거나 그림을 그려서 표현함.
>
> • 고수: 북이나 장구 따위를 치는 사람.

① 평서문   ② 의문문   ③ 명령문
④ 청유문   ⑤ 감탄문

쓰기 쑥쑥

6 다음 문장의 의미를 살려 의문문으로 바꾸어 쓰시오.

> 너는 창문을 닦아라.

----

7 다음 문장의 종류를 파악하여 같은 종류의 문장을 쓰시오.

> 은유가 밥을 잘 먹는구나!

4 부정 표현

● '안' 부정문

– 주어의 의지에 의한 부정을 표현하는 문장입니다.

– '안'을 사용한 짧은 부정문과 '–지 않다'를 사용한 긴 부정문이 있습니다.

> • 나는 잠을 안 잤다.　　　　　　• 나는 잠을 자지 않았다.
> └──────── 자신의 의지로 잠을 자지 않았음을 의미함. ────────┘

● '못' 부정문

– 주어의 능력 부족이나 다른 원인에 의한 부정을 표현하는 문장입니다.

– '못'을 사용한 짧은 부정문과 '–지 못하다'를 사용한 긴 부정문이 있습니다.

> • 나는 숙제를 못 했다.　　　　　• 나는 숙제를 하지 못했다.
> └──── 자신의 능력이나 다른 원인 때문에 숙제를 할 수 없었음을 의미함. ────┘

> **주의할 점** 형용사는 대체로 '못'을 사용한 부정 표현을 할 수 없습니다. 형용사에 '못' 부정문이 쓰일 때에는 기대에 미치지 못함을 아쉬워하는 경우이며, 이때에는 긴 부정문으로만 표현합니다.

● 명령문과 청유문의 부정 표현

– 명령문은 '말다'를 사용해 '–지 마/마라'로 표현합니다.

– 청유문은 '말다'를 사용해 '–지 말자'로 표현합니다.

> • 친구와 싸우지 마라.　　　　　• 오늘은 책을 읽지 말자.
> └─ 명령문　　　　　　　　　　　　　　└─ 청유문

나는 축구를 [　] 했다.

안　　　못

1 다음 부정 표현에 대한 설명을 보고 ( ) 안의 알맞은 말에 ○표 하시오.

(1) '안'이나 '못'을 사용하면 (긴 / 짧은) 부정문이 된다.
(2) 청유문에서 부정 표현은 '-지 (말자 / 마라)'로 표현한다.
(3) 주어의 의지에 의한 부정은 '(안 / 못)' 부정문으로 표현한다.

2 다음 보기 에서 부정 표현이 쓰이지 <u>않은</u> 문장을 찾아 기호를 쓰시오.

> 보기
> ㉠ 나는 잠을 못 잤다.   ㉡ 내 걱정은 하지 마.
> ㉢ 군것질은 그만하자.   ㉣ 태호가 전화를 걸지 않았다.

(   )

3 주어진 짧은 부정문이 긴 부정문이 되도록 밑줄 친 말을 고쳐 쓰시오.

(1)

언니는 우유를 <u>안 마신다</u>.   ⇨ (   )

(2)

나는 친구와 한 약속을 <u>못 지켰다</u>.   ⇨ (   )

4 주어진 문장의 종류에 알맞은 부정 표현을 ( ) 안에서 골라 ○표 하시오.

(1)

| 명령문 | 나쁜 말을 쓰지 (마라 / 말자). |

(2)

| 청유문 | 너무 늦게 자지 (마라 / 말자). |

4 부정 표현

1 다음 중 문장의 빈칸에 들어갈 부정 표현이 나머지와 다른 것은 무엇입니까? (   )

① 문제가 너무 쉬워서 ☐ 풀었다.

② 옷이 마음에 들지 않아서 ☐ 샀다.

③ 배가 너무 불러서 더는 ☐ 먹을게요.

④ 은희는 노래를 못해서 부르지 ☐ 았다.

⑤ 나는 그 책을 이미 읽어서 다시 ☐ 읽었다.

2 다음 문장의 '못'에 담긴 뜻을 보기 에서 골라 기호를 쓰시오.

> 보기
>
> ㉠ 주어의 능력이 부족하여 그 일이 일어나지 못함.
> ㉡ 외부의 다른 원인 때문에 그 일이 일어나지 못함.

(1) 날씨가 너무 추워서 밖에 못 나갔다.　(　　　　　　　　)

(2) 정아는 공부를 안 해서 시험을 못 봤다.　(　　　　　　　　)

3 다음 중 부정 표현이 알맞게 사용된 문장은 무엇입니까? (   )

① 학교 운동장이 못 깨끗하다.

② 내일 비가 오지 못했으면 좋겠다.

③ 가은이는 그 사실을 안 모릅니다.

④ 유하는 운동장에서 달리기를 안 했다.

⑤ 너는 숙제를 해야 하니 놀러 가지 않아라.

4 다음 문장을 부정 표현이 바른 문장으로 고쳐 쓰시오.

(1) [이제 더 이상 다투지 않아라.] ⇨ (　　　　　　　　　　　　　)

(2) [이번 토요일에는 만나지 못하자.] ⇨ (　　　　　　　　　　　　　)

5 다음 ㉠에 대한 설명으로 알맞은 것을 모두 고르시오. (, ,)

> 주식회사는 주식을 발행해서 모은 돈으로 운영하는 회사입니다. 주식회사는 회사에 투자한 사람들에게 투자를 했다는 증거로 주식을 발행해 줍니다. 이때 주식을 갖게 된 사람을 '주주'라고 부릅니다. 회사는 이익이 나면 주주가 가진 주식만큼 주주에게 이익을 나누어 줍니다. 물론 ㉠회사가 이익을 못 내기도 합니다. 그러면 주주는 가지고 있는 주식만큼 손해를 보게 됩니다. 주주는 주주 총회를 통해 자신의 의견을 말할 수 있고, 아무 때라도 주식을 팔아 회사와의 관계를 끊을 수도 있습니다.
>
> • **발행해서**: 화폐, 증권, 증명서 따위를 만들어 세상에 내놓아 널리 쓰도록 해서.
> • **투자한**: 이익을 얻기 위하여 주권, 채권 따위를 구입하는 데 자금을 돌린.

① 짧은 부정문이다.
② 주어의 의지에 의한 부정을 표현하고 있다.
③ '못'을 사용해 부정의 의미를 나타내고 있다.
④ '회사가 이익을 안 내기도 합니다.'와 의미가 같다.
⑤ '회사가 이익을 내지 못하기도 합니다.'로 바꾸어 쓸 수 있다.

쓰기 쑥쑥

6 다음 문장의 의미를 살린 명령문을 쓰시오.

> 쓰레기를 아무 데나 버리지 않았으면 좋겠어.

7 영화관에서 지켜야 할 일을 떠올려 보기 와 같은 부정 표현을 사용한 문장을 한 가지 쓰시오.

보기

• 앞 사람의 의자를 발로 차면 안 됩니다.
• 영화 관람 중 휴대 전화를 사용하지 마세요.

문장의 표현

1 다음 ㉠과 ㉡의 시간 표현이 과거, 현재, 미래 중 어느 것에 해당하는지 쓰시오.

> ㉠지난 주말 중국을 강타한 태풍의 영향으로 많은 사람이 피해를 입었습니다. 그러나 ㉡한반도는 태풍의 영향권에 들지 않겠습니다.

(1) ㉠: (   )   (2) ㉡: (   )

2 다음 중 시간 표현이 바르지 않은 문장은 무엇입니까? (   )

① 소영이는 지난겨울을 그리워했다.
② 한 시간 뒤면 제주도에 도착하리라.
③ 내년에는 동생이 학교에 입학할 것이다.
④ 그저께 태연이가 운동장에 혼자 있더라.
⑤ 도서관은 어제 시험공부를 하는 학생들로 붐빈다.

3 다음 중 주어진 문장에 나타난 높임 표현의 종류를 바르게 파악한 것은 무엇입니까?

(   )

① 어머니께서 저녁을 드신다. ⇨ 객체 높임법
② 아버지, 놀이터에서 놀다 올게요. ⇨ 상대 높임법
③ 할머니를 모시고 병원에 다녀왔다. ⇨ 상대 높임법
④ 선생님께 모르는 문제를 여쭈어 보았다. ⇨ 주체 높임법
⑤ 의견이 있으면 손을 들고 발표해 주십시오. ⇨ 주체 높임법

4 다음과 같은 선생님의 질문을 받았을 때 대답할 말을 알맞은 높임 표현을 사용해 쓰시오.

너희 가족은
모두 몇 명이니?

----

5 문장의 종류를 바르게 바꾸어 쓰지 <u>못한</u> 것은 무엇입니까? (   )

① 서둘러 청소를 끝내자. ⇨ (명령문) 서둘러 청소를 끝내라.

② 우리 함께 생각해 볼까? ⇨ (청유문) 우리 함께 생각해 보자.

③ 너는 노래를 잘 부르는구나! ⇨ (의문문) 너는 노래를 잘 부르니?

④ 엄마의 요리는 참 맛있다. ⇨ (감탄문) 엄마의 요리는 참 맛있느냐!

⑤ 건강을 위해 골고루 먹어라. ⇨ (평서문) 건강을 위해 골고루 먹는다.

6 다음 중 부사 '못'을 사용한 부정문으로 바꾸어 쓸 수 <u>없는</u> 것을 두 가지 고르시오.

(,   )

① 날씨가 덥다.

② 우리는 집에 간다.

③ 이번 토요일에 만나자.

④ 민정이가 숙제를 했구나!

⑤ 예지가 어젯밤에 노래를 불렀니?

7 다음 ㉠과 ㉡에 대한 설명으로 알맞지 <u>않은</u> 것은 무엇입니까? (   )

> 플라스틱 빨대는 대부분 한 번 쓰고 버려진다. 이렇게 버려진 플라스틱 빨대는 자연 상태에서 분해되지 않고 바다로 흘러들어 가 해양을 오염시킨다. 그래서 ㉠나는 플라스틱 빨대를 사용하지 않는다. 빨대 없이 물이나 음료수를 마시고 종이 또는 옥수수 등 생분해성 소재의 빨대를 사용하려고 노력한다. 지구 환경을 보호하기 위해 ㉡플라스틱 빨대를 쓰지 않아야 한다.
>
> • 생분해성: 물질이 미생물에 의해 잘게 쪼개지는 성질.

① ㉠은 '사용하다'에 '-지 않다'를 붙여서 만든 부정문이다.

② ㉠은 '나는 플라스틱 빨대를 못 사용한다.'와 같은 뜻이다.

③ ㉠을 짧은 부정문으로 바꾸면 '나는 플라스틱 빨대를 안 사용한다.'이다.

④ ㉡을 명령문으로 바꾸면 '플라스틱 빨대를 쓰지 마라.'이다.

⑤ ㉡을 청유문으로 바꾸면 '플라스틱 빨대를 쓰지 말자.'이다.

비밀의 화원

프랜시스 호즈슨 버넷

"그곳은 좀 음침하지만 아주 크고 넓은 집이에요. 방이 100개쯤 되는데, 문을 꽉 잠가 둔 상태죠. 또, 저택 주변은 온통 과수원과 채소밭, 그리고 화원뿐이에요. 가지가 땅바닥에 질질 끌릴 정도로 크고 오래된 나무도 많답니다."

처음에는 메들록 부인의 이야기를 시끄러운 수다쯤으로 생각했습니다. 그러나 메리는 어느새 메들록 부인의 말에 귀를 기울이고 있었습니다.

"그리고 그분은 태어날 때부터 몸이 아주 약하셨대요. 게다가 등뼈가 구부러지는 병도 앓으셨지요. 그 때문인지 성격이 까다롭고 괴팍해서 저희들이 꽤나 애를 먹고 있답니다."

메리는 고모부에 대한 이야기를 듣고는 깜짝 놀라 눈이 휘둥그레졌습니다.

"마님은 친절하고 예쁜 분이셨죠. 주인님은 마님을 무척 아끼고 사랑하셔서 마님이 원하는 것이라면 무엇이든 다 해 주셨어요. 그런데 어느 날, 마님이 세상을 떠나시고 나자……."

"어머? 돌아가셨다고요? 우리 고모가?"

메리는 몸을 발딱 일으키며 소리쳤습니다.

"그래요. 마님이 돌아가시자, 주인님은 전보다 더욱더 고집스럽고 괴팍해지셨죠. 대부분의 시간을 멀리 다른 곳에서 보내고 계시지만, 미셀스와이트에 계실 때는 서재에서 책만 읽으셔요. 그리고 피처 씨 말고는 누구도 만나지 않으세요."

마치 책에서나 나오는 이야기 같았습니다.

나는 메리 레녹스야. 인도에서 전염병으로 부모님을 여의고 영국 요크셔에 있는 고모부 댁에 가는 길이었지. 그러던 중 메들록 부인으로부터 고모의 소식을 듣게 되었어.

"어머? (   ) 돌아가셨다고요? 우리 고모가?"

나는 메리의 고모께서 돌아가셨다는 소식을 전해 주었어. 메리가 한 대답에서 (   ) 안에 들어갈 부사어로 알맞지 <u>않은</u> 것은 무엇일까? 아래 낱말 중에서 골라 동그라미를 쳐 보자.

10년 전	몇 해 전	일 년 뒤	예전에

고모께서 돌아가신 것은 과거의 일이니까 과거를 나타내는 부사어가 들어가야겠지? '일 년 뒤'는 미래를 나타내는 부사어야.

나는 메리의 고모부에 대해서도 자세히 설명해 주었어.

"미셀스와이트에 계실 때는 서재에서 책만 읽으셔요."

'읽으셔요'와 시간 표현이 같은 낱말을 아래에서 모두 찾아 동그라미 쳐 보자.

다녀오겠다	보았다	졸리다	그리워했다	그리다

모두 잘 찾았니? '읽으셔요'는 현재를 나타내는 시간 표현이야. '졸리다'와 '그리다' 역시 현재를 나타내는 시간 표현이라고 할 수 있어.

이야기 속에 숨어 있는 시간 표현을 잘 찾아보았지? 잘했어!
그런데 과연 나는 고집스럽고 괴팍한 고모부가 살고 있는 미셸스와이트 저택에서 잘 지낼 수 있을까?

6

음운과
음운 변동

" 글자를 소리 내어 읽을 때 글자와 소리가 같은 경우도 있고, 다른 경우도 있어요. 글자와 소리가 다른 것은 글자를 읽을 때 발음을 좀 더 편하고 쉽게 하기 위해 일어나는 현상인데, 이것을 '음운 변동 현상'이라고 해요. 표준 발음법은 음운 변동 현상에 대해 정리해 놓은 것으로, 우리는 이 규칙에 맞게 글자를 읽어요. 음운 변동 현상에 대해 살펴보고 글을 바르게 읽어 보아요. "

초등학교에서 배우는 문법 지식과 앞으로 배울 문법 용어 비교하기

초등학교에서 배우는 문법 지식	중학교에서 배울 문법 용어
•	음운, 음절
예사소리, 된소리, 거센소리	예사소리, 된소리, 거센소리
단모음, 이중모음	단모음, 이중모음
•	자음 동화
•	모음 동화
구개음화	구개음화
사잇소리	사잇소리

동영상 강의

1~2　음운과 음절 / 자음과 모음

'음운'은 말의 뜻을 구별해 주는 가장 작은 소리의 단위로, 자음과 모음이 해당됩니다. '음절'은 한 뭉치로 이루어진 소리의 덩어리로 자음과 모음이 모여서 이루어집니다. '자음'은 소리를 낼 때 공기의 흐름이 방해를 받고 나오는 소리이고, '모음'은 소리를 낼 때 공기의 흐름이 방해를 받지 않고 나오는 소리입니다.

음운	음절
ㅁ + ㅜ + ㄹ =	물 💧
ㅂ + ㅜ + ㄹ =	불 🔥

3~4　음절의 끝소리 규칙 / 자음 동화

'음절의 끝소리 규칙'은 음절의 끝소리(받침소리)가 'ㄱ, ㄴ, ㄷ, ㄹ, ㅁ, ㅂ, ㅇ' 중 하나로 바뀌어 발음되는 현상입니다. '자음 동화'는 두 자음이 만나 한쪽이나 양쪽 모두 비슷하거나 같은 소리로 바뀌는 현상입니다.

음절의 끝소리 규칙

낫　　낮　　낯　　➡　음절의 끝소리 규칙　낟

5~6　모음 동화 / 구개음화

'모음 동화'에는 양성모음은 양성모음끼리, 음성모음은 음성모음끼리 어울리는 '모음 조화' 현상이 있습니다. '구개음화'는 끝소리가 'ㄷ, ㅌ'인 형태소가 모음 'ㅣ'를 만나 구개음 [ㅈ, ㅊ]으로 소리 나는 현상입니다.

7~8　음운의 축약과 탈락 / 사잇소리

'음운의 축약'은 두 음운이 합쳐져서 하나의 음운으로 줄어 소리 나는 현상입니다.
'음운의 탈락'은 두 음운이 만나서 한 음운이 사라져 소리 나지 않는 현상입니다.
'사잇소리' 현상은 주로 합성어에서 붙는 뒷말의 예사소리가 된소리로 바뀌거나 소리가 덧나는 현상입니다.

1 음운과 음절 ~ 2 자음과 모음

● 음운

  – 말의 뜻을 구별해 주는 가장 작은 소리의 단위입니다.

  – 우리말의 음운은 크게 자음과 모음으로 나뉩니다.

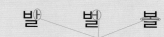
첫소리(자음)에 따라 뜻이 달라짐.

굴　물　불

발　별　블
가운뎃소리(모음)에 따라 뜻이 달라짐.

[말](馬)　　[말:](言)

  – 소리의 길이나 높낮이도 뜻을 구별해 주는 음운에 포함됩니다.

● 음절

  – 한 번에 소리 낼 수 있는 말소리의 단위입니다.

  – 모음 하나만으로 한 음절이 되기도 하지만, 보통 자음과 모음이 모여서 한 음절을 이룹니다.
    └→ 자음 하나만으로는 음절이 될 수 없습니다.

아, 우 →모음	교, 도 →자음+모음	
안, 옷 →모음+자음	장, 람 →자음+모음+자음	

└→ 첫소리 'ㅇ'은 소릿값이 없습니다.

음절
음운(자음)　음운(모음)
산
음운(자음)

● 자음(19개)

  – 소리를 낼 때 발음 기관의 어느 부분이 막히거나 좁아져서 공기의 흐름이 방해를 받고 나오는 소리입니다.

  – 소리를 낼 때 목청에 울림이 있느냐 없느냐에 따라 울림소리와 안울림소리로 나뉩니다.

안울림소리	예사소리	ㄱ, ㄷ, ㅂ, ㅅ, ㅈ, ㅎ
	된소리	ㄲ, ㄸ, ㅃ, ㅆ, ㅉ
	거센소리	ㅋ, ㅌ, ㅍ, ㅊ
울림소리	ㄴ, ㄹ, ㅁ, ㅇ <예> 나라, 마음	

└→ 안울림소리는 소리의 세기에 따라 예사소리, 된소리, 거센소리로 나눕니다.

● 모음(21개)

  – 소리를 낼 때 공기의 흐름이 방해를 받지 않고 나오는 소리입니다.

  – 소리를 내는 동안 입술 모양이나 혀의 위치가 바뀌지 않는 모음은 단모음, 혀의 위치나 입술 모양이 바뀌는 모음은 이중 모음입니다.

단모음	ㅏ, ㅐ, ㅓ, ㅔ, ㅗ, ㅚ, ㅜ, ㅟ, ㅡ, ㅣ
이중 모음	ㅑ, ㅒ, ㅕ, ㅖ, ㅘ, ㅙ, ㅛ, ㅝ, ㅞ, ㅠ, ㅢ

1 다음 설명이 알맞으면 ○표, 알맞지 <u>않으면</u> ×표 하시오.

(1) 자음과 모음만 음운에 포함된다.　　　　　　（　　　）

(2) 모음이 없어도 음절을 이룰 수 있다.　　　　（　　　）

(3) 음절은 발음할 때 한 번에 낼 수 있는 소리이다. （　　　）

2 다음 단어들의 뜻을 구별해 주는 음운을 각각 찾아 나열하시오.

(1)　｜　손,　산,　신,　선　｜（　　　　　　　　）

(2)　｜　밤,　방,　박,　발　｜（　　　　　　　　）

3 다음 보기 에서 된소리와 거센소리를 각각 찾아 쓰시오.

보기
> ㄷ, ㅆ, ㅂ, ㅍ, ㅅ, ㅊ, ㄸ

(1) 된소리: (　　　　　　　　)　　(2) 거센소리: (　　　　　　　　)

4 모음을 다음과 같이 분류한 기준으로 알맞은 것에 ○표 하시오.

> 가 ㅛ, ㅒ, ㅚ, ㅘ, ㅝ, ㅑ　　　나 ㅓ, ㅏ, ㅗ, ㅔ, ㅟ, ㅡ

(1) 입술 모양이 둥글게 되는가?　　　　　　　　　　　　（　　　）

(2) 소리 낼 때 목청이 울리는가?　　　　　　　　　　　　（　　　）

(3) 소리를 내는 동안 입술 모양이나 혀의 위치가 바뀌는가? （　　　）

적용

1 음운과 음절 ~ 2 자음과 모음

1 다음 단어에서 음운과 음절은 각각 몇 개인지 쓰시오.

(1) ┌ 사람 ┐ ① 음운: (   ) ② 음절: (   )

(2) ┌ 옷장 ┐ ① 음운: (   ) ② 음절: (   )

2 다음 중 음절의 구조가 <u>다른</u> 하나는 무엇입니까? (   )

① 공   ② 물   ③ 금
④ 안   ⑤ 탈

3 다음 글에서 모음 하나로 이루어진 음절을 모두 찾아 쓰시오.

> 블랙홀은 질량을 가지고 있는 모든 것을 빨아들이는, 검은 구멍을 뜻한다. 블랙홀의 중력은 너무 커서 그 어떤 물체도 빠져나오지 못한다. 우주에서 가장 빠른 빛도 블랙홀을 피해갈 수는 없다.
> • 질량: 물체가 가진 고유의 양. 국제단위는 그램(g).
> • 중력: 지구 위의 물체가 지구로부터 받는 힘.

(   )

4 다음 보기 에서 설명하는 자음이 쓰인 단어는 무엇입니까? (   )

> 보기
> 울림소리: 발음할 때 목청이 떨려 울리면서 소리 난다.

① 독서   ② 마음   ③ 꽃밭
④ 젖소   ⑤ 식탁

5 다음 중 이중 모음이 들어 있는 단어는 무엇입니까? (   )

① 참외   ② 귀신   ③ 학교
④ 개미   ⑤ 메아리

6 다음 ㉠에 쓰인 자음과 모음의 종류로 알맞은 것을 모두 고르시오. (   )

> 패럴림픽(장애인 올림픽)은 신체에 장애가 있는 운동선수가 참가하는 국제 스
> 포츠 대회로, 4년마다 올림픽이 끝난 후 올림픽이 ㉠개최된 도시에서 열린다.
>
> • **개최**: 모임이나 회의 따위를 기획하여 엶.

① 단모음   ② 이중모음   ③ 예사소리
④ 된소리   ⑤ 거센소리

쓰기 쑥쑥

7 '돌'과 음운이 하나만 다른 단어를 한 가지 쓰고, 그 단어를 넣어 문장을 쓰시오.

단어	(1)
문장	(2)

8 이중 모음이 들어가지 <u>않는</u> 단어를 한 가지 쓰고, 그 단어를 넣어 문장을 쓰시오.

단어	(1)
문장	(2)

3 음절의 끝소리 규칙 ~ 4 자음 동화

● 음절의 끝소리 규칙

– 음절의 끝소리(받침소리)가 'ㄱ, ㄴ, ㄷ, ㄹ, ㅁ, ㅂ, ㅇ'의 7개 대표음 중 하나로 바뀌어 발음되는 현상입니다.

ㄱ, ㄲ, ㅋ ⇨ ㄱ	학[학], 밖[박], 부엌[부억]	ㄹ ⇨ ㄹ	물[물]
ㄴ ⇨ ㄴ	눈[눈]	ㅁ ⇨ ㅁ	밤[밤]
ㄷ, ㅌ, ㅅ, ㅆ, ㅈ, ㅊ, ㅎ ⇨ ㄷ	곧[곧], 맡다[맏따], 낫[낟], 있다[읻따], 낮[낟], 돛[돋], 히읗[히읃]	ㅂ, ㅍ ⇨ ㅂ	입[입], 잎[입]
		ㅇ ⇨ ㅇ	공[공]

– 겹받침이 음절의 끝에 올 때에는 첫째 자음이나 둘째 자음 중 하나만 발음됩니다.

첫째 자음이 남는 경우	예 몫[목], 앉다[안따], 얇다[얄따], 늙고[늘꼬], 값[갑]
둘째 자음이 남는 경우	예 삶[삼], 읊다[읍따], 밟다[밥따], 맑지[막찌]

└→ 읊다 ⇨ [읖따] ⇨ [읍따]

● 자음 동화

– 앞 음절의 끝 자음이 뒤에 오는 첫 자음과 만나 한쪽이나 양쪽 모두 비슷하거나 같은 소리로 바뀌는 현상을 말합니다.

– ㄱ, ㄷ, ㅂ + ㄴ, ㅁ ⇨ [ㅇ, ㄴ, ㅁ]

> 식물[싱물]　입는[임는]

– ㄱ, ㄷ, ㅂ + ㄹ ⇨ [ㅇ, ㄴ, ㅁ] + [ㄴ]

> 독립[동닙]　협력[혐녁]

– ㅁ, ㅇ + ㄹ ⇨ [ㅁ, ㅇ] + [ㄴ]

> 침략[침냑]　종로[종노]

– ㄹ + ㄴ ⇨ [ㄹ] + [ㄹ] / ㄴ + ㄹ ⇨ [ㄹ] + [ㄹ]

> 칼날[칼랄]　신라[실라]

너는 식물[싱물]이니, 동물이니?

[식물] 아니고, [싱물]이야.

학생, 종로[종노]가 어디여?

종로? 종노?

1 다음 단어의 끝소리는 무엇으로 발음되는지 각각 찾아 선으로 이으시오.

(1) 삽, 앞 •

(2) 낯, 팥 •

(3) 밖, 부엌 •

• ㉮ [ㄱ]

• ㉯ [ㄷ]

• ㉰ [ㅂ]

2 다음 보기 에서 단어의 끝소리가 그대로 소리 나는 것을 모두 찾아 쓰시오.

보기

섬   꽃   앞   옷   땅   볕   국

(   )

3 다음 단어의 발음이 바른 것은 ○표, 바르지 않은 것은 ✕표 하시오.

(1) 닫는[닫는] (   )   (2) 백로[백노] (   )

(3) 남루[남누] (   )   (4) 설날[설랄] (   )

4 다음 단어의 바른 발음을 골라 ○표 하시오.

(1) 앞날 [압날 / 암날]   (2) 섭리 [섬니 / 섭니]

(3) 강릉 [강능 / 강릉]   (4) 진리 [진니 / 질리]

3 음절의 끝소리 규칙~ 4 자음 동화

1 다음 단어의 바른 발음을 쓰시오.

(1) 한낮 [   ]　(2) 바깥 [   ]

(3) 풀숲 [   ]　(4) 밟다 [   ]

2 다음 중 겹받침의 발음이 바르지 <u>못한</u> 것은 무엇입니까? (   )

① 삶다[삼따]　　② 값[갑]　　③ 맑지[말찌]
④ 늙고[늘꼬]　　⑤ 얇다[얄따]

3 다음 단어 ㉠과 ㉡의 바른 발음을 쓰시오.

> ㉠부엌 안에 들어가 보니 어머니께서 닭과 채소를 씻고 계셨다. 나는 저녁에 닭고기를 먹을 생각에 신이 난 나머지 발밑에 떨어진 장난감을 보지 못하고 ㉡밟고 말았다.

(1) ㉠: [   ]　　(2) ㉡: [   ]

4 다음 보기와 같은 종류의 자음 동화에 해당하는 것을 두 가지 고르시오. (,   )

보기
ㄱ, ㄷ, ㅂ + ㄴ, ㅁ ⇨ [ㅇ, ㄴ, ㅁ]

① 국립[궁닙]　　② 국물[궁물]　　③ 전라도[절라도]
④ 대통령[대통녕]　　⑤ 잡는다[잠는다]

5 다음 단어의 바른 발음을 쓰시오.

(1) 담력 [   ] (2) 앓는 [   ]

(3) 급류 [   ] (4) 종로 [   ]

6 다음 ㉠~㉤ 중 자음 동화가 일어나는 것의 기호를 쓰시오.

어족 자원 ㉠감소 문제를 해결하기 위해 어획량을 제한하고 ㉡양식업을 ㉢장려한 결과, ㉣어획 생산량은 ㉤정체된 반면 양식 생산량은 꾸준히 증가하고 있다.

• 어획량: 수산물을 잡거나 채취한 수량.
• 양식업: 물고기 등을 인공적으로 길러 생산하는 업.
• 장려: 좋은 일에 힘쓰도록 북돋아 줌.
• 정체: 사물이 발전하거나 나아가지 못하고 한자리에 머물러 그침.

(   )

쓰기 쑥쑥

7 받침이 있는 단어 중에서 표기와 발음이 같은 단어를 한 가지 쓰고, 그 단어를 넣어 문장을 쓰시오.

단어	(1)
문장	(2)

8 다음 [보기]의 단어 중 자음 동화의 예에 해당하는 단어를 한 가지 쓰고, 그 단어를 넣어 문장을 쓰시오.

[보기]
나라, 독서
난로, 꽃밭

단어	(1)
문장	(2)

5 모음 동화 ~ 6 구개음화

● 모음 조화

– 밝고 가벼운 느낌을 주는 모음을 '양성모음'이라 하고, 상대적으로 어둡고 무거운 느낌을 주는 모음을 '음성모음'이라고 합니다. 'ㅣ'는 음성모음으로 보기도 하고, 중성모음으로 보기도 합니다.

양성모음	ㅏ, ㅑ, ㅗ, ㅛ, ㅐ, ㅒ, ㅘ, ㅚ, ㅙ
음성모음	ㅓ, ㅕ, ㅜ, ㅠ, ㅔ, ㅖ, ㅝ, ㅟ, ㅞ, ㅡ, ㅢ

– 양성모음은 양성모음끼리, 음성모음은 음성모음끼리 어울리는 현상을 말합니다.

보아	깎아	대롱대롱
그어	먹어	무럭무럭

● 구개음화

– 음절의 끝소리 'ㄷ, ㅌ'이 모음 'ㅣ'를 만나 구개음 [ㅈ, ㅊ]으로 소리 나는 현상입니다.
– 구개음화된 것은 표준 발음으로 인정하지만, 글로 쓸 때에는 원래 표기대로 적어야 합니다.

– ㄷ + ㅣ ⇨ [지]

> 굳이[구지]　해돋이[해도지]　미닫이[미다지]　맏이[마지]

– ㅌ + ㅣ ⇨ [치]

> 같이[가치]　붙이다[부치다]

– ㄷ + 히 ⇨ [티] ⇨ [치]

> 닫히다 ⇨ [다티다] ⇨ [다치다]

1 모음 조화 현상에 따라 서로 어울리려고 하는 모음끼리 짝을 지어 선으로 이으시오.

(1) ㅏ •

(2) ㅓ •

• ㉮ ㅗ, ㅐ

• ㉯ ㅜ, ㅡ

2 다음 보기 에서 모음 조화의 예에 해당하는 단어를 모두 찾아 기호를 쓰시오.

보기
㉠ 졸졸   ㉡ 적어   ㉢ 차가워
㉣ 살랑살랑   ㉤ 깡충깡충   ㉥ 보슬보슬

(   )

3 다음 중 구개음화에 대한 설명으로 알맞은 것에 ○표 하시오.

(1) 표준 발음으로 인정되지 않는다. ( )
(2) 'ㅣ' 모음 때문에 일어나는 동화 현상의 일종이다. ( )
(3) 구개음화 현상이 일어나는 단어는 소리 나는 대로 적어야 한다. ( )

4 다음 중 단어의 발음이 바른 것은 ○표, 바르지 않은 것은 ×표 하시오.

(1) 같이[가티] (   )   (2) 굳이[구지] (   )
(3) 해돋이[해도지] (   )   (4) 닫히다[닫치다] (   )

 적용

5 모음 동화 ~ 6 구개음화

1 다음 단어에 쓰인 모음의 종류를 각각 찾아 선으로 이으시오.

(1) 말랑말랑, 대롱대롱 •

(2) 중얼중얼, 주룩주룩 •

• ㉮ 양성모음

• ㉯ 음성모음

2 다음 중 모음 조화 규칙을 알맞게 지킨 것은 무엇입니까? (   )

① 보- + -어 ⇨ 보어

② 깍- + -어 ⇨ 깎어

③ 먹- + -아 ⇨ 먹아

④ 울- + -어 ⇨ 울어

⑤ 물- + -아 ⇨ 물아

3 다음 단어 중에서 일어나는 음운 현상이 다른 하나는 무엇입니까? (   )

① 물받이[물바지]

② 미닫이[미다지]

③ 굳히다[구치다]

④ 피붙이[피부치]

⑤ 굶기다[굼기다]

4 다음 밑줄 친 단어의 바른 발음을 골라 ◯표 하시오.

(1) 내가 우리 집 맏이이다.

[　마디 / 마지　]

(2) 방 안을 샅샅이 찾아보았다.

[산싸티 / 산싸치]

106 초등 국어 문법

5 다음 단어의 바른 발음을 쓰시오.

(1) 가을걷이 [   ] (2) 새벽같이 [   ]

6 다음 글에서 구개음화가 일어나는 단어는 모두 몇 개인지 쓰시오.

> 한옥은 외풍이 심해 춥다는 오해가 있지만 잘 지은 한옥은 의외로 외풍이 없다. 한옥을 지을 때 미닫이와 여닫이를 섞어 문을 만들기 때문에 둘을 잘 닫으면 창틀 사이에 꺾임과 막힘이 일어나서 외풍이 거의 없는 것이다.
>
>
>
> • **외풍**: 밖에서 들어오는 바람.

(   )

쓰기 쑥쑥

7 모음 조화의 예를 한 가지 쓰고, 그 단어를 넣어 문장을 쓰시오.

단어	(1)
문장	(2)

8 밑줄 친 말과 같은 음운 현상이 일어나는 단어를 한 가지 쓰고, 그 단어를 넣어 문장을 쓰시오.

밭이 넓다.

단어	(1)
문장	(2)

 기초

7 음운의 축약과 탈락 ~ 8 사잇소리

● **음운의 축약** ┌─ 두 음운이 하나의 음운으로 줄어 소리 나는 현상

– 자음 축약은 'ㄱ, ㄷ, ㅂ, ㅈ'이 앞 또는 뒤에서 'ㅎ'과 결합하여 [ㅋ, ㅌ, ㅍ, ㅊ]으로 줄어드는 현상입니다.

> 백합[배캅]　　맏형[마텽]
> 입학[이팍]　　옳지[올치]

– 모음 축약은 두 개의 모음이 하나의 모음으로 줄어드는 현상입니다.

> 쏘이어 ⇨ 쏘여　　두었다 ⇨ 뒀다
> ㅣ+ㅓ⇨ㅕ　　　　ㅜ+ㅓ⇨ㅝ
> 뜨이다 ⇨ 띄다　　되었다 ⇨ 됐다
> ㅡ+ㅣ⇨ㅢ　　　　ㅚ+ㅓ⇨ㅙ

● **음운의 탈락** ┌─ 두 음운이 만나서 한 음운이 사라져 소리 나지 않는 현상

– 'ㄹ', 'ㅅ', 'ㅎ'이 탈락하는 '자음 탈락'과 'ㅡ', 'ㅜ', 동음이 탈락하는 '모음 탈락'이 있습니다.

> 딸+님 ⇨ 따님　　짓-+-어 ⇨ 지어
> 'ㄹ'탈락　　　　'ㅅ'탈락
> 쓰-+-어 ⇨ 써　　푸-+-어 ⇨ 퍼
> 'ㅡ'탈락　　　　'ㅜ'탈락

● **사잇소리** ┌─ 주로 합성어에서 붙는 뒷말의 예사소리가 된소리로 바뀌거나 소리가 덧나는 현상

– 앞말의 끝소리가 울림소리이고 뒷말의 첫소리가 안울림 예사소리이면, 뒤의 예사소리가 된소리로 변합니다.
ㅁ,ㄴ,ㅇ,ㄹ

> 등+불(등불) ⇨ [등뿔]　　밤+길(밤길) ⇨ [밤낄]

– 앞말이 모음으로 끝나는 경우에는 그 모음의 받침에 '사이시옷'을 적습니다.
한자어로만 이루어진 합성어는 사이시옷을 적지 않습니다. 예외) 곳간, 셋방, 숫자, 찻잔, 툇간, 횟수

> 초+불(촛불) ⇨ [초뿔]　　배+사공(뱃사공) ⇨ [배싸공]

– 앞말이 모음으로 끝나고 뒷말이 'ㅁ, ㄴ'으로 시작하면 'ㄴ' 소리가 덧납니다.

> 코+날(콧날) ⇨ [콘날]　　이+몸(잇몸) ⇨ [인몸]

– 뒷말이 모음 'ㅣ'나 'ㅣ'와 결합된 이중 모음으로 시작하면 'ㄴ' 소리가 덧납니다.
ㅑ,ㅕ,ㅛ,ㅠ

> 나무+잎(나뭇잎) ⇨ [나문닙]
> 솜+이불(솜이불) ⇨ [솜니불]　　콩+엿(콩엿) ⇨ [콩녇]

1 다음 밑줄 친 말에서 찾을 수 있는 음운 현상을 각각 찾아 선으로 이으시오.

(1) | 얼음이 물이 <u>됐다</u>. | •   • ㉮ | 자음 축약 |

(2) | 지갑을 <u>놓고</u> 왔다. | •   • ㉯ | 모음 축약 |

(3) | 가방에 책을 <u>넣어</u> 두었다. | •   • ㉰ | 자음 탈락 |

(4) | 친구네 집에 <u>가서</u> 놀았다. | •   • ㉱ | 모음 탈락 |

2 다음 중 사잇소리 현상이 일어나는 단어를 모두 찾아 ○표 하시오.

봄비   따님   입학   백합
솜이불   두었다   노랫말

3 다음 단어의 바른 발음을 각각 찾아 ○표 하시오.

(1) | 이 + 몸 | [인몸 / 잇몸]   (2) | 논+둑 | [논둑 / 논뚝]

적용　**7** 음운의 축약과 탈락 ~ **8** 사잇소리

1 음운의 축약 현상에 맞게 빈칸에 알맞은 말을 쓰시오.

(1) 보- + -아 ⇨ (　　　　　　　　)

(2) 뜨- + -이어 ⇨ (　　　　　　　　)

(3) 맞추- + -어 ⇨ (　　　　　　　　)

2 다음 중 음운의 탈락과 그 예가 바르게 연결되지 <u>못한</u> 것은 무엇입니까? (　　　)

① 'ㅡ' 탈락 → 꺼　　　　　　　　② 'ㅅ' 탈락 → 그어

③ 'ㄹ' 탈락 → 마소　　　　　　　④ 'ㅜ' 탈락 → 섰다

⑤ 'ㅎ' 탈락 → 쌓으니[싸으니]

3 다음 ㉠과 같은 음운 현상이 일어나는 말이 <u>아닌</u> 것은 무엇입니까? (　　　)

> 코딩은 컴퓨터 프로그래밍의 다른 말로, 주어진 명령을 컴퓨터가 이해할 수 있는 언어로 ㉠입력하는 것을 말한다. 코딩 교육을 통해 논리력, 창의력, 문제 해결력을 키울 수 있다.
>
> • 입력: 문자나 숫자를 컴퓨터가 기억하게 하는 일.

① 좋고　　　　　　　② 싫다　　　　　　　③ 법학

④ 지어　　　　　　　⑤ 맞히다

4 다음 중 사이시옷을 적는 단어가 <u>아닌</u> 것은 무엇입니까? (　　　)

① 초+불　　　　　② 콩+엿　　　　　③ 깨+잎

④ 빨래+줄　　　　⑤ 등교+길

5 다음 중 단어의 발음이 잘못된 것은 무엇입니까? (   )

① 콧물[콘물]　　　　② 집일[짐닐]　　　　③ 밭일[반닐]

④ 논일[논닐]　　　　⑤ 나뭇잎[나무닙]

6 다음 글에서 사잇소리 현상이 일어나는 단어를 찾고, 소리 나는 대로 쓰시오.

> 　콩잎은 콩과 비교하여 활용도는 떨어지지만 비타민이
> 풍부하다. 열량이 낮아 다이어트 식품으로 알맞고 고혈압
> 이나 심근 경색 등을 예방해 준다.
>
>
>
> • **활용도**: 충분히 잘 이용하는 정도.
> • **열량**: 열에너지의 양. 단위는 보통 칼로리(cal)로 표시함.

(　　　　　　　　　　)[　　　　　　　　　　]

쓰기 쑥쑥

7 밑줄 친 단어를 축약하여 쓰고, 축약한
단어를 넣어 새로운 문장을 쓰시오.

> 벌에 <u>쏘이어</u> 본 적이 있다.

단어	(1)
문장	(2)

8 밑줄 친 단어 중 사이시옷을 바르게 쓴 단어를 넣어 문장을 쓰시오.

> <u>고기배</u>를 타는 <u>횟수</u>가 점점 늘어나고 있다.

 음운과 음운 변동

1 다음 ㉠~㉤에 대한 설명으로 알맞지 <u>않은</u> 것은 무엇입니까? (   )

> 스웨덴에서 처음 시작된 플로깅(plogging)은 달리면서 ㉠쓰레기를 줍는 ㉡환경 운동이다. 플로깅은 '줍다'는 뜻의 스웨덴어 'plocka upp'과 '달리기(jogging)'를 ㉢합친 말이다. 운동을 하며 환경을 가꾼다는 ㉣일석이조의 효과 때문에 세계인들의 호응을 얻고 있다. 바닷가로 밀려온 쓰레기를 줍는 '비치코밍(beachcombing)'도 있다. 비치코밍은 '바다(beach)'를 '빗질(combing)'한다는 뜻으로, 바다 위를 떠돌다가 해변으로 쓸려 온 ㉤물건들을 줍는 것을 말한다.
>
>
>
> • 일석이조: 돌 한 개를 던져 새 두 마리를 잡는다는 뜻으로, 동시에 두 가지 이득을 봄을 이르는 말.
> • 호응: 부름이나 호소 따위에 대답하거나 응함.

① ㉠에 쓰인 자음 중에는 된소리가 있다.
② ㉡에 쓰인 모음은 모두 이중 모음이다.
③ ㉢에 쓰인 자음 중 거센소리는 2개이다.
④ ㉠, ㉡, ㉢, ㉤의 음운의 수는 모두 같다.
⑤ ㉣과 ㉤에 쓰인 자음 중에는 울림소리가 있다.

2 다음 중 음절의 끝소리 규칙에 알맞게 발음한 것은 무엇입니까? (   )

① 잎[잎]   ② 몫[목]   ③ 밖[밝]
④ 히읗[히으]   ⑤ 읽고[익꼬]

3 다음 보기 에서 자음 동화의 예에 해당하는 단어를 두 가지 찾고, 그 단어의 바른 발음을 쓰시오.

> **보기**
>
> 칼날   국화   동네   흙냄새

(1) (   )[   ]
(2) (   )[   ]

4 다음 ㉠과 같은 음운 현상이 일어나는 단어를 한 가지 떠올려 쓰고, 그 단어를 넣어 문장을 쓰시오.

> "어여 가서 고기 좀 사 오너라."
> 찬호는 고기를 먹을 생각에 들떠 ㉠촐랑촐랑 문밖을 나섰다.

단어	문장
(1)	(2)

5 다음 중 구개음화가 일어나는 단어와 그 발음이 알맞은 것은 무엇입니까? (   )

① 높이[노피]　　　　　② 굳이[구디]　　　　　③ 앞잡이[압자비]
④ 붙이다[붇티다]　　　⑤ 곧이듣다[고지듣따]

6 음운의 축약과 탈락 현상을 떠올리며 빈칸에 들어갈 알맞은 말을 쓰시오.

(1) 활＋살 ⇨ (   )
(2) 물리－＋－어 ⇨ (   )
(3) 서－＋－었－＋－다 ⇨ (   )

7 다음 중 사잇소리 현상이 일어나는 단어가 아닌 것은 무엇입니까? (   )

① 밤길　　　　　② 등불　　　　　③ 국밥
④ 눈사람　　　　⑤ 눈도장

장 발장

빅토르 위고

"신부님, 신부님, 큰일 났어요! 은그릇이 없어졌어요. 어제 그 전과자도 없어졌어요. 그 장 발장이라는 사람이 훔쳐 간 것이 틀림없어요!"

"왜 그렇게 호들갑을 떠시오? 그 은그릇은 원래 가난한 사람들의 것이오. 내가 잠시 가지고 있었지만, 가난한 사람이 가지고 갔으니 잘됐지 않소?"

그때, 문을 두드리는 소리가 나며 경찰들이 우르르 들어왔습니다. 그 뒤로 고개를 푹 수그린 장 발장이 보였습니다.

"아, 당신이었군요. 아니, 어째서 은촛대는 가져가지 않았소? 은그릇과 함께 은촛대도 드렸는데, 은촛대를 빠뜨리고 갔더군요."

미리엘 신부는 장 발장을 보자 반갑게 말했습니다.

"아니 그럼, 이 사람 가방 속에 있던 은그릇이 훔친 것이 아니란 말입니까?"

의기양양하던 경찰들은 갑작스런 신부의 말에 무척 실망하는 눈치였습니다. 장 발장은 아무 말도 못하고 신부의 눈치만 살폈습니다.

경찰들이 장 발장을 놔주고 돌아가자, 장 발장은 미리엘 신부에게 뭐라고 말을 해야 할지 몰랐습니다.

"이 은그릇과 은촛대는 정직한 사람이 되라고 주는 선물입니다. 부디 받아 주세요. 당신을 위해 기도하겠습니다."

신부는 장 발장의 두 손을 꼭 쥐며 말했습니다.

장 발장은 미리엘 신부의 선물을 받고 길을 떠났습니다. 분노로 가득 찼던 마음이 복잡해졌습니다.

나는 미리엘 신부야. 전과자라는 이유로 아무도 재워 주지 않는 장 발장을 우리 집에서 재워 주었어. 그런데 다음 날 하녀가 장 발장이 은그릇을 훔쳐 간 것 같다고 하지 않겠어? 그 말을 들은 나는 이렇게 말했지.

"그 은그릇은 원래 가난한 사람들의 것이오. 내가 잠시 가지고 있었지만, 가난한 사람이 가지고 갔으니 잘됐지 않소?"

신부님이 하신 말 중 '잘됐지'는 음운 축약 현상이 일어나는 말이야. 다음 중 음운 축약의 예가 <u>아닌</u> 것을 찾아 동그라미를 쳐 보자.

| 맞춰 | 그려 | 미뤄 | 지어 | 봐 |

모두 '지어'에 동그라미를 잘 쳤겠지? '지어'는 '짓-+-어'에서 자음 'ㅅ'이 탈락한 것으로, 음운 탈락의 예라고 할 수 있어.

미리엘 신부님은 경찰들에게 은그릇은 내가 훔친 것이 아니라고 거짓말을 해 주셨어. 그리고 은촛대까지 챙겨 주며 다음과 같이 말씀하셨지.

"이 은그릇과 은촛대는 정직한 사람이 되라고 주는 선물입니다. 부디 받아 주세요. 당신을 위해 기도하겠습니다."

그런데 모두 '은촛대'는 사잇소리 현상이 나타나는 단어라는 것을 알고 있겠지? 다음 중 이처럼 사잇소리 현상이 나타나는 단어를 함께 찾아볼까?

| 소나무 | 바느질 | 뱃사공 | 백합 | 입학 |

뱃사공은 '배'와 '사공'이 합쳐진 말로, 사잇소리 현상이 나타나는 단어야. 어때, 이야기 속에서 찾을 수 있는 음운 현상이 아주 다양하지?
그럼 미리엘 신부님의 친절로 인해 잘못을 뉘우친 나에게 앞으로 어떤 일이 벌어질지 함께 상상해 볼까?

문법 마무리

1 다음 ㉠~㉤에 대한 설명으로 알맞지 <u>않은</u> 것은 무엇입니까? (   )

> 최근 ㉠푸드 ㉡프로그램이 시청자들의 관심을 끌기 시작하면서 음식점을 ㉢여는 ㉣사람들이 늘고 있다. 그러나 충분한 준비 ㉤과정을 거치지 않아 폐업하는 음식점도 많기 때문에 신중한 접근이 필요하다.
>
> • 폐업: 직업이나 영업을 그만둠.
> • 접근: 가까이 다가감.

① ㉠은 '음식'이라는 우리말로 바꾸어 쓸 수 있다.
② ㉢을 한자어를 넣어 바꾸면 '개업(開業)하는'이다.
③ ㉠은 국어사전에 실려 있지 않고, ㉡은 실려 있다.
④ ㉠은 외국어, ㉡은 외래어, ㉢과 ㉣은 고유어, ㉤은 한자어이다.
⑤ ㉤은 우리말에 없는 개념을 표현하기 위해 외국에서 들어온 말이다.

2 다음 중 단어의 형성 방법이 같은 것끼리 묶은 것은 무엇입니까? (   )

① 쇠못, 길다, 휘감다
② 강산, 손전등, 설익다
③ 어머니, 날고기, 예쁘다
④ 포도, 겁쟁이, 새까맣다
⑤ 덧신, 지우개, 잠꾸러기

3 다음 보기 에서 단어의 의미 관계를 바르게 말한 것을 모두 찾아 기호를 쓰시오.

> 보기
> ㉠ '자동차가 서다.'에서 '서다'의 반의어는 '앉다'이다.
> ㉡ '벼'와 '곡물' 중 '벼'는 상의어, '곡물'은 하의어이다.
> ㉢ '계란'과 '달걀'은 각각 한자어와 고유어로 유의어이다.
> ㉣ '아침이 되다.', '아침을 먹다.'에서 '아침'은 다의어이다.
> ㉤ '전기가 끊겼다.', '전기를 읽다.'에서 '전기'는 동음이의어이다.

(   )

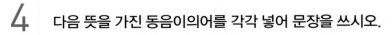

4 다음 뜻을 가진 동음이의어를 각각 넣어 문장을 쓰시오.

다리	(1)
다리	(2)

5 다음 중 밑줄 친 단어의 품사를 바르게 파악한 것은 무엇입니까? (   )

① 그는 그 일을 잘 해냈다.
  (관형사)   (대명사)

② 한 사람당 하나씩만 가져가세요.
      (수사) (관형사)

③ 아주 작은 아이가 걸어오고 있었다.
  (부사)   (명사)

④ 나는 결코 음식에 나쁜 것을 넣지 않았다.
   (부사)   (형용사)

⑤ 윤아야! 너를 다시 만나게 돼서 정말 기뻐.
    (대명사)   (감탄사)

6 다음 밑줄 친 단어 중 동사와 형용사를 각각 찾아 쓰고, 그 단어의 기본형으로 바꾸어 쓰시오.

> 1월 1일, 맑음
> 촛불을 밝히고 혼자 앉아 있으려니 나랏일 걱정에 나도 모르게 눈물이 흘렀다. 병드신 팔순의 어머니도 걱정스러워 뜬 눈으로 밤을 새웠다. 새벽에는 여러 장수와 병졸들이 와서 새해 인사를 했다. 군사들에게 술을 주어 마시도록 했다.
> • 병졸: 예전에, 군인이나 군대를 이르던 말.

(1) 동사: (   ) ⇨ (   )
(2) 형용사: (   ) ⇨ (   )

문법 마무리

7 다음 ㉠~㉟의 문장 성분을 바르게 구분한 것은 무엇입니까? (   )

> ㉠진수는 말없이 ㉡자리에 앉아 있었다. 차가운 ㉢물을 ㉣한 모금 마시고는 천천히 말을 ㉤시작했다.
> "㉥아, 네가 어제 했던 말은 ㉟사실이 아니구나."

	주성분	부속 성분	독립 성분
①	㉠, ㉡, ㉤	㉢, ㉣	㉥, ㉟
②	㉠, ㉢, ㉤	㉣, ㉟	㉡, ㉥
③	㉠, ㉢, ㉟	㉡, ㉣	㉤, ㉥
④	㉠, ㉢, ㉤, ㉟	㉡, ㉣	㉥
⑤	㉠, ㉢, ㉤, ㉟	㉣, ㉥	㉡

8 다음과 같은 문장 성분의 순서대로 이루어진 문장을 쓰시오.

> 주어 + 관형어 + 목적어 + 서술어

9 다음 ㉠~㉤에 들어갈 말로 가장 알맞은 것은 무엇입니까? (   )

> 할아버지 ㉠ 귀가 ㉡ 때문에 나는 크게 ㉢ .
> "할아버지, 동생은 지금 저녁을 ㉣ ㉤ ."

① ㉠: 는   ② ㉡: 어둡기   ③ ㉢: 말씀드렸다
④ ㉣: 드시고   ⑤ ㉤: 계세요

10 다음 ㉠~㉣에 대한 설명으로 알맞지 <u>않은</u> 것은 무엇입니까? (   )

> ㉠ 밉다 하니 업자 한다.
> ㉡ 구르는 돌은 이끼가 안 낀다.
> ㉢ 못 오를 나무는 쳐다보지도 마라.
> ㉣ 할아버지, 저녁 준비는 아까 다 되었어요.

① 부정 표현이 쓰인 것은 ㉡과 ㉢이다.
② ㉠, ㉡, ㉣은 평서문, ㉢은 명령문이다.
③ ㉠의 시간 표현은 현재, ㉣은 과거이다.
④ ㉣의 '되었어요'는 '되셨어요'로 바꾸어 써야 한다.
⑤ ㉡은 '구르는 돌은 이끼가 끼지 않는다.'로 바꾸어 쓸 수 있다.

11 다음 중 단어의 발음이 잘못된 것은 무엇입니까? (   )

① 값[갑]　　　　② 학문[항문]　　　　③ 종로[종로]
④ 물독[물똑]　　　⑤ 굳히다[구치다]

12 다음 밑줄 친 말 중 음운의 축약이나 탈락의 예가 <u>아닌</u> 것은 무엇입니까? (   )

> 바위 틈새 속에서　　　　푸고 푸고 다 <u>퍼</u>도
> 쉬지 <u>않고</u> 송송송.　　　끊임없이 송송송.
>
> 맑은 물이 고여선　　　　푸다 말고 놔두면
> <u>넘쳐</u>흘러 <u>졸졸졸</u>　　　다시 <u>고여</u> 졸졸졸.

① 않고　　　　② 넘쳐　　　　③ 졸졸졸
④ 퍼　　　　　⑤ 고여

문법 용어 정리

단어의 분류

고유어 옛날부터 사용해 온 순수한 우리말이나 그것을 바탕으로 하여 만들어진 말.

한자어 한자를 바탕으로 하여 만들어진 말.

외래어 다른 나라에서 사용하는 말을 빌려 와서 우리말처럼 쓰는 말.

형태소 일정한 뜻을 가진 가장 작은 말의 단위.

단일어 하나의 어근으로 이루어진 단어.

복합어 둘 이상의 어근이 결합하거나 어근과 접사가 결합하여 이루어진 단어.

합성어 둘 이상의 어근이 결합하여 이루어진 단어.

파생어 어근과 접사가 결합하여 이루어진 단어.

단어의 의미 관계

유의어 소리는 서로 다르지만 의미가 거의 같거나 비슷한 단어.

반의어 의미가 서로 반대되거나 대립하는 단어.

상의어 어떤 단어의 의미가 다른 단어의 의미를 포함하는 의미 관계 즉 '상하 관계'에서 다른 단어를 포함하는 단어.

하의어 어떤 단어의 의미가 다른 단어의 의미를 포함하는 의미 관계 즉 '상하 관계'에서 다른 단어에 포함되는 단어.

동음이의어 말소리는 같지만 의미가 전혀 다른 단어.

다의어 두 가지 이상의 의미를 가지고 있고, 그 의미가 서로 관련이 있는 단어.

품사

명사 사람, 사물, 개념, 현상 등 대상의 이름을 나타내는 품사.

대명사 사람, 사물, 장소 등의 이름을 대신 나타내는 품사.

수사 사물의 수량이나 순서를 나타내는 품사.

조사 주로 명사, 대명사, 수사 뒤에 붙어 쓰여 다른 말과의 문법적 관계를 나타내거나 특별한 의미를 더해 주는 품사.

동사 사람이나 사물의 움직임이나 작용을 나타내는 품사.

형용사 사람이나 사물의 상태나 성질을 나타내는 품사.

관형사 주로 체언인 명사, 대명사, 수사를 꾸며 주는 역할을 하는 품사.

부사 용언인 동사와 형용사, 다른 부사, 문장 전체 등을 꾸며 주는 역할을 하는 품사.

감탄사 문장에서 감정, 부름이나 대답을 나타내는 품사.

문장 성분

주어 문장에서 동작이나 상태, 성질의 주체가 되는 문장 성분.

서술어 주어의 동작이나 상태, 성질 등을 풀이하는 문장 성분.

목적어 풀이하는 말이 표현하는 동작의 대상이 되는 문장 성분.

보어 '이/가'가 붙어서 '되다/아니다'를 보충하는 문장 성분.

관형어 명사, 대명사, 수사와 같은 체언을 꾸며 주는 문장 성분.

부사어 주로 용언을 꾸며 주며, 관형어나 다른 부사어 등을 꾸며 주기도 하는 문장 성분.

독립어 문장 안에서 다른 문장 성분들과 직접적인 관련이 없는 문장 성분.

문장의 표현

과거 사건이 일어난 때가 사건에 대해 말하는 때보다 앞선 시간 표현.

현재 사건이 일어난 때와 사건에 대해 말하는 때가 같은 시간 표현.

미래 사건이 일어난 때가 사건에 대해 말하는 때보다 나중인 시간 표현.

주체 높임법 문장의 주어를 높이는 높임 표현.

객체 높임법 문장의 목적어나 부사어가 지시하는 대상을 높이는 높임 표현.

상대 높임법 말하는 사람이 대화 상대인 듣는 이에 따라 말을 높이거나 낮추는 높임 표현.

평서문 말하는 이가 듣는 이에게 특별히 요구하는 것 없이 하고 싶은 말을 단순히 전달하는 문장.

의문문 말하는 이가 듣는 이에게 질문을 하여 대답을 요구하는 문장.

명령문 말하는 이가 듣는 이에게 무엇을 시키거나 행동을 요구하는 문장.

청유문 말하는 이가 듣는 이에게 어떤 행동을 함께할 것을 요청하는 문장.

감탄문 말하는 이가 듣는 이를 별로 의식하지 않거나 혼잣말처럼 자신의 느낌을 표현하는 문장.

'안' 부정문 주어의 의지에 의한 부정을 표현하는 문장.

'못' 부정문 주어의 능력 부족이나 다른 원인에 의한 부정을 표현하는 문장.

음운과 음운 변동

음운 말의 뜻을 구분해 주는 가장 작은 소리의 단위.

음절 한 뭉치로 이루어진 소리의 덩어리.

자음 소리를 낼 때 발음 기관의 어느 부분이 막히거나 좁아져서 공기의 흐름이 방해를 받고 나오는 소리.

모음 소리를 낼 때 공기가 방해를 받지 않고 나오는 소리.

음절의 끝소리 규칙 음절의 끝소리가 'ㄱ, ㄴ, ㄷ, ㄹ, ㅁ, ㅂ, ㅇ' 중 하나로 발음되는 현상.

자음 동화 두 자음이 만나 한쪽이나 양쪽 모두 비슷하거나 같은 소리로 바뀌는 현상.

모음 조화 'ㅏ, ㅗ' 같은 양성모음은 양성모음끼리, 'ㅓ, ㅜ, ㅡ' 같은 음성모음은 음성모음끼리 어울리는 현상.

구개음화 음절의 끝소리 'ㄷ', 'ㅌ'이 모음 'ㅣ'를 만나 구개음 [ㅈ, ㅊ]으로 소리 나는 현상.

음운의 축약 자음 축약은 예사소리인 'ㄱ, ㄷ, ㅂ, ㅈ'이 'ㅎ'과 만나 거센소리인 '[ㅋ], [ㅌ], [ㅍ], [ㅊ]'으로 소리 나는 현상. 모음 축약은 두 개의 모음이 하나의 모음으로 줄어드는 현상.

음운의 탈락 'ㄹ', 'ㅅ', 'ㅎ'이 탈락하는 자음 탈락과 'ㅡ', 'ㅜ', 동음이 탈락하는 모음 탈락.

사잇소리 주로 합성어에서 붙는 뒷말의 예사소리가 된소리로 바뀌거나 소리가 덧나는 현상.

초등 고학년 필수

지금,
국어 문법을
해야 할 때

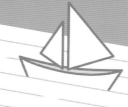

초등 고학년 필수

지금,
국어 문법을
해야 할 때

정답 및 풀이

동아출판

지금, 국어 문법을 해야 할 때

정답 및 풀이

1 단어의 분류

1 고유어, 한자어, 외래어

1 (2) ◯
2 (1) ㉯   (2) ㉮   (3) ㉰
3 (1) 재즈   (2) 한가위   (3) 자유
4 (3) ◯

1 고유어는 옛날부터 사용해 온 순수한 우리말이나 그것을 바탕으로 하여 만들어진 말, 외래어는 외국에서 빌려 왔지만 우리말처럼 쓰이는 말입니다.

2 (1)의 '독서(讀書)'와 '등산(登山)'은 한자어, (2)의 '손'과 '어머니'는 고유어, (3)의 '바나나(banana)'와 '컴퓨터(computer)'는 외래어입니다.

단어를 보고 고유어, 한자어, 외래어를 구분하기 어려울 때에는 국어사전을 활용할 수 있습니다. 국어사전을 보면 한자어에는 한자가 나란히 표기되어 있고, 외래어에는 외국 글자가 함께 표기되어 있습니다.

3 (1)에서 '재즈(jazz)'는 외래어, (2)에서 '한가위'는 고유어, (3)에서 '자유(自由)'는 한자어입니다.

'한가위'는 '추석'을 의미하는 고유어입니다. 이와 같은 고유어에는 우리 민족 고유의 정서와 문화가 담겨 있습니다.

4 (1)에서 '옷'은 고유어, (2)에서 '학교(學校)', '추억(追憶)'은 한자어입니다.

외래어는 외국어와 달리 바꾸어 쓸 수 있는 우리말이 없는 경우가 많고, 우리말의 문맥 속에서 널리 사용되는 특징을 가집니다.

1 ③   **2** ㉠, ㉢
3 ①   **4** ①
5 (1) 예 귀족, 식탁, 고급
    (2) 예 유럽, 나이프, 포크
6 (1) 예 시퍼렇다
    (2) 예 책상에 무릎을 부딪쳐서 시퍼렇게 멍이 들었습니다.
7 예 우리 가족은 어제 첼로 연주를 함께 들었습니다.

1 '친구(親舊)', '치료(治療)', '시험(試驗)'은 한자어, '예쁘다'는 고유어, '넥타이(necktie)'는 외래어입니다.

2 ㉡'콜록콜록'과 ㉢'기침'은 고유어, ㉠'감기(感氣)'와 ㉤'병원(病院)'은 한자어, ㉣'택시(taxi)'는 외래어입니다.

'감기'를 의미하는 고유어에 '고뿔'이 있지만, 지금은 잘 사용하지 않습니다. 이처럼 한자어나 외래어로 인해 고유어가 거의 쓰이지 않게 되는 경우가 있습니다.

3 문맥으로 보아 빈칸에 들어갈 수 있는 말은 '생각'과 '상상'입니다. '생각'과 '상상' 중 고유어는 '생각'입니다.

4 ㉮는 외래어, ㉯는 외국어로 둘 다 다른 나라에서 들어온 말이지만 외래어인 ㉮만 우리말처럼 널리 쓰입니다.

5 '식사(食事)', '품위(品位)', '포도(葡萄)', '사용(使用)', '유행(流行)' 등도 한자어입니다.

6 채점 기준 (1)에는 고유어 중에서 색채어를 떠올려 한 가지 골라 쓰고, (2)에는 (1)에서 쓴 단어를 활용하여 뜻이 통하는 문장을 알맞게 썼으면 정답으로 합니다.

7 채점 기준 고유어, 한자어, 외래어를 한 가지 이상씩 모두 알맞게 넣어 의미가 자연스러운 문장을 썼으면 정답으로 합니다.

2 단어의 형성

기초   15쪽

1 (2) ○
2 6
3 접사
4 (1) ㉮   (2) ㉯   (3) ㉰

1 (1)은 문장을 단어 단위로 나눈 것입니다. '받-', '-았-', '-다'는 일정한 뜻을 가졌으나 홀로 쓰일 수 없는 형태소입니다.

형태소는 더 이상 나누면 뜻을 잃어버리는, 가장 작은 말의 단위입니다.

2 '나무', '에', '과일', '이', '조금', '열렸다'로 나눌 수 있으므로 6개의 단어로 이루어진 문장입니다.

오답 풀이 주어진 문장에 들어 있는 '에', '이'와 같은 말을 조사라고 하는데, 비록 조사는 홀로 쓰일 수는 없지만, 홀로 쓰일 수 있는 말의 뒤에 붙어 쉽게 분리되기 때문에 단어에 포함됩니다.

3 합성어는 '어근+어근'으로 만들어진 단어이고, 파생어는 '접사(접두사)+어근', '어근+접사(접미사)'로 만들어진 단어입니다.

복합어 중 합성어는 어근과 어근이 결합된 단어이고, 파생어는 어근과 접사가 결합된 단어입니다. 파생어에는 '헛걸음'의 '헛-'처럼 어근 앞에 접사가 붙거나(접두사) '짐꾼'의 '-꾼'처럼 어근 뒤에 접사가 붙는(접미사) 단어가 있습니다.

4 '구름'과 '바지'는 각각이 하나의 어근인 단일어이며 '손발'은 '손(어근)'과 '발(어근)', '고무신'은 '고무(어근)'와 '신(어근)'이 결합한 합성어입니다. 또한 '풋사과'는 '풋-(접두사)'과 '사과(어근)', '부채질'은 '부채(어근)'와 '-질(접미사)'이 결합한 파생어입니다.

적용   16~17쪽

1 ④
2 (1) 고구마, 할머니   (2) 덧신, 밥그릇, 멋쟁이
3 ③   4 ③
5 (1) 단일어 / 가방, 사냥
   (2) 합성어 / 꽃나무, 물걸레
   (3) 파생어 / 한겨울, 햇밤
6 (1) 예 지난주 토요일에 동생과 공원에서 놀았습니다.
   (2) 예 지난주/토요일/에/동생/과/공원/에서/놀았습니다.
7 (1) 예 망치질
   (2) 예 밤에는 망치질을 하면 안 됩니다.

1 '는', '에서', '을'은 조사로, 홀로 쓰일 수는 없지만 홀로 쓰일 수 있는 말의 뒤에 붙어서 쉽게 분리될 수 있는 말이므로 단어입니다.

2 '고구마', '할머니'는 단일어이고, '덧신(덧-+신)'은 파생어, '밥그릇(밥+그릇)'은 합성어, '멋쟁이(멋+-쟁이)'는 파생어입니다.

3 '나무', '복숭아', '하늘'은 단일어, '햇과일', '사냥꾼', '지우개'는 파생어, '김밥', '물엿', '책가방', '손수건'은 합성어입니다.

4 '맨-'은 '다른 것이 없는.'의 뜻을 더하는 접두사로, '맨땅', '맨발', '맨주먹'과 같이 쓰입니다.

오답 풀이 ①'햇-'은 '햇과일', ②'풋-'은 '풋고추', ④'-개'는 '덮개', ⑤'짓-'은 '짓누르다', '짓밟다'와 같이 쓰입니다.

5 '재능'은 단일어, '어린아이'는 '어리다'와 '아이'가 결합한 합성어, '감독관'은 '감독'과 접사 '-관'이 결합한 파생어입니다.

6 **채점 기준** (1)에는 지난주에 자신이 겪은 일을 떠올려 한 문장으로 쓰고, (2)에는 (1)에서 쓴 문장을 단어로 바르게 나누어 썼으면 정답으로 합니다.

7 **채점 기준** (1)에는 접사가 어근 뒤에 붙어서 만들어진 파생어를 쓰고, (2)에는 (1)에서 쓴 접사가 어근 뒤에 붙어서 만들어진 파생어를 넣어 뜻이 통하는 문장을 썼으면 정답으로 합니다.

18~19쪽 종합

1 단어의 분류

고유어, 한자어, 외래어

옛날부터 사용해 온 순수한 우리말이나 그것을 바탕으로 만들어진 고유어, 한자를 바탕으로 하여 만들어진 한자어, 다른 나라에서 들어왔지만 우리말처럼 쓰이는 외래어를 구분해 봅니다.

오답 풀이

① '국어' → 한자어
② '병아리' → 고유어
③ '편지' → 한자어 / '새싹' → 고유어
④ '연세' → 한자어

1 다음 단어를 고유어, 한자어, 외래어로 각각 알맞게 분류한 것은 무엇입니까?

(⑤)

	고유어	한자어	외래어
①	코, 구름	식구, 지방	발레, ~~국어~~ 한자어
②	살갗, 가운데	언어, ~~병아리~~ 고유어	버스, 테마
③	오빠, ~~편지~~ 한자어	과정, 수업	고유어 ~~새싹~~, 스키
④	풀잎, ~~연세~~ 한자어	음악, 사진	템포, 스파게티
⑤	벼, 소쿠리	유행, 학교	빵, 컴퓨터

고유어, 한자어, 외래어

'경지나 주거지 따위의 사람의 생활과 활동에 이용하는 땅.'의 뜻을 가진 '토지(土地)'와 바꿔 쓸 수 있는 고유어를 찾아봅니다.

2 다음 문장에서 밑줄 친 단어와 바꾸어 쓸 수 있는 고유어는 무엇입니까? (②)

> 토지의 주인이 나타나 사용료를 내라고 하였습니다.

① 위 → '어떤 기준보다 더 높은 쪽.'
② 땅
③ 끝 → '시간, 공간, 사물 따위에서 마지막 한계가 되는 곳.'
④ 틈 → '벌어져 사이가 난 자리.'
⑤ 아래 → '어떤 기준보다 낮은 위치.'

고유어, 한자어, 외래어

'토지 제도'를 고쳐야 한다는 내용이 나오므로 '제도나 기구 따위를 새롭게 뜯어고치다.'의 뜻을 나타내는 한자어를 찾아봅니다.

오답 풀이

①, ②, ④, ⑤는 모두 고유어입니다.

3 ㉠을 한자어로 알맞게 바꾼 것은 무엇입니까? (③)

> 조선 후기 실학자 류형원이 쓴 『반계수록』에는 나라를 부강하게 하고 농민들의 생활을 안정시키기 위해
> 부유하고 강하게.
> 토지 제도를 ㉠고쳐야 한다는 생각이 담겨 있습니다.

① 바꿔야 → '원래 있던 것을 없애고 다른 것으로 채워 넣거나 대신 하게 해야
② 뒤집어야 → 체제, 제도, 학설 따위를 뒤엎어야
③ 개혁해야 (고칠 개 改 가죽 혁 革) : 제도나 기구 따위를 새롭게 뜯어고침.
④ 만들어야 → 노력이나 기술 따위를 들여 목적하는 사물을 이루어야
⑤ 바로잡아야 → 그릇된 일을 바르게 만들거나 잘못된 것을 올바르게 고쳐야

고유어, 한자어, 외래어

외래어를 국어사전에서 검색하면 한글 표기와 함께 외국 글자가 표기되어 있습니다.

오답 풀이

'체어'는 '의자', '스쿨'은 '학교'로 각각 바꾸어 쓸 수 있는 외국어입니다.

4 다음 보기의 단어를 외래어와 외국어로 구분하여 쓰시오.

보기

체어, 우동,
'의자'
스쿨, 인터넷
'학교'

외래어	(1) 우동, 인터넷
외국어	(2) 체어, 스쿨

5 다음 문장은 모두 몇 개의 단어로 구성되어 있는지 각각 쓰시오.

단어의 형성

문장을 단어 단위로 각각 나누어 봅니다.

오답 풀이

'보았다'는 하나의 단어입니다.

> 엄마와 동생은 함께 영화를 보았다.

(8   )개

6 다음 ㉠~㉢에 대한 설명으로 알맞은 것은 무엇입니까? (⑤)

* 글의 종류: 기사문
* 글의 특징: 남부 지방의 태풍으로 과수 농가의 피해가 심각하다는 소식을 전하는 기사문입니다.

단어의 형성

단어를 단일어와 복합어(합성어, 파생어)로 구분해 봅니다.

오답 풀이

① ㉠은 합성어, ㉢은 단일어
② ㉠과 ㉢은 복합어, ㉢은 단일어
③ ㉠은 '어근+어근'
④ ㉢은 '접사+어근'

>   25일 남부 지방을 휩쓸고 간 제7호 태풍으로 과수 농가의 피해가
>
> 기사문의 중심 내용
>
> 심각하다. 특히 ㉠배나무가 많은 전남 순천시 낙안면 일대가 큰 피해
>
> 합성어(배+나무) – 복합어
>
> 를 입었다. 약 4000평 남짓의 배 과수원을 운영 중인 박○○씨(48)
>
> 는 "올해 배가 예년에 비해 절반 정도밖에 안 달렸는데, 이나마도 이
>
> 번 태풍으로 낙과 피해를 입어 70% 정도가 떨어져 버렸다. 그동안
>
> 열매가 나무에서 떨어짐. 또는 그 열매.
>
> 들인 노력이 한순간에 ㉡헛수고가 된 것 같아 ㉢하늘이 원망스럽다."
>
> 파생어(헛-+수고) – 복합어   단일어
>
> 며 한숨지었다.

합성어   단일어

① ㉠은 파생어이고, ㉢은 합성어이다.

단일어

② ㉠은 단일어이고, ㉡과 ㉢은 복합어이다.

복합어

③ ㉠은 '접사+어근'으로 이루어진 단어이다.

어근

④ ㉡은 '어근+어근'으로 이루어진 단어이다.

접사

⑤ ㉢은 한 개의 형태소로 이루어진 단어이다.

7 다음 단어와 형성 방법이 같은 단어를 생각하여 한 가지 쓰고, 그 단어를 넣어 짧은 문장을 지어 쓰시오.

단어의 형성

'사과나무'는 합성어이므로 어근과 어근이 결합한 합성어를 떠올려 문장을 씁니다.

채점 기준

(1)에는 합성어를 쓰고, (2)에는 (1)에서 쓴 단어를 넣어 뜻이 통하는 문장을 썼으면 정답으로 합니다.

사과나무
합성어

(1) 형성 방법이 같은 단어: (예 앞뒤   )

(2) 짧은 문장 쓰기: 예 마을 앞뒤로 깨끗한 물이 흐릅니다.

2 단어의 의미 관계

1 유의어, 반의어

기초 25쪽

1 (1) ② ○ (2) ① ○
2 ③
3 ㉣
4 (1) ㉰ (2) ㉯ (3) ㉮

1 '살갗'은 '살가죽의 겉면.'을 의미하는 단어로, 유의어는 '피부'입니다. '친구'는 '가깝게 오래 사귄 사람.'을 의미하는 단어로, 유의어는 '벗'입니다.

오답 풀이 (1) ① 낯: 눈, 코, 입 따위가 있는 얼굴의 바닥. ③ 주름: 피부가 쇠하여 생긴 잔줄.
(2) ② 친척: 친족과 외척을 아울러 이르는 말. ③ 이웃: 가까이 사는 집. 또는 그런 사람.

2 '틈'은 '어떤 행동을 할 만한 기회.'를 의미하므로 '어떤 일을 하다가 생각 따위를 다른 데로 돌릴 수 있는 시간적인 여유.'를 의미하는 '겨를'과 바꾸어 쓸 수 있습니다.

오답 풀이 ① 흠: 어떤 물건의 이지러지거나 깨어지거나 상한 자국.
② 끝: 시간, 공간, 사물 따위에서 마지막 한계가 되는 곳.
④ 표현: 생각이나 느낌 따위를 언어나 몸짓 따위의 형상으로 드러내어 나타냄.
⑤ 노력: 목적을 이루기 위하여 몸과 마음을 다하여 애를 씀.

3 '곱다'와 '예쁘다'는 유의 관계이고, ㉠, ㉡, ㉢은 모두 반의 관계입니다.

핵심 톡!

'소녀'와 '소년'은 모두 어린 사람을 말하는데, 성별이 다릅니다. 또한 '길다'와 '짧다'는 길이, '덥다'와 '춥다'는 온도를 나타내지만 그 정도가 서로 다릅니다. 이처럼 반의 관계의 두 단어는 공통점이 있으면서 동시에 반대되는 특성이 한 가지 있습니다.

4 '벗다'에 대립하는 단어에는 '쓰다', '입다', '신다', '끼다' 등이 있습니다.

핵심 톡!

'벗다'는 '사람이 자기 몸 또는 몸의 일부에 착용한 물건을 몸에서 떼어 내다.'라는 뜻입니다. 따라서 무엇을 벗는지에 따라 대립하는 단어가 다를 수 있습니다.

적용 26~27쪽

1 ④
2 (1) ㉡, ㉣, ㉥ (2) ㉠, ㉢, ㉤
3 ⑤ **4** (2) ○
5 (1) 제한 (2) 예 허용, 허가, 허락
6 (1) 예 늘
(2) 예 우리 집은 늘 일요일 아침에 대청소를 합니다.
7 (1) 예 질문, 대답
(2) 예 우리는 선생님의 질문에 모두 큰 소리로 대답했습니다.

1 '빌리다'와 '갚다'는 반의 관계이고, 나머지는 모두 유의 관계입니다.

핵심 톡!

'머리'와 '모발(毛髮)'처럼 비슷한 뜻을 가진 고유어와 한자어는 유의 관계에 있습니다.

2 단어의 의미가 거의 같거나 비슷한 유의 관계에 있는 단어들과 서로 반대되거나 대립하는 반의 관계에 있는 단어들을 구분해 봅니다.

핵심 톡!

단어의 의미 관계를 알고 상황과 문맥에 따라 단어를 구분해서 쓰는 노력을 하면 어휘력이 풍부해질 수 있습니다.

3 '가난하다'는 '살림살이가 넉넉하지 못하여 몸과 마음이 괴로운 상태에 있다.'라는 뜻으로, 유의어는 '빈곤(貧困)하다'이고, 반의어는 '부유(富裕)하다'입니다. '부유하다'의 유의어는 '넉넉하다'입니다.

하나의 단어에는 유의 관계를 가지는 유의어, 반의 관계를 가지는 반의어가 모두 있을 수 있습니다. 각 단어의 뜻을 생각하며 유의어나 반의어를 생각해 보면 더 다양한 단어를 알 수 있습니다.

4 '나이'와 '연세'는 '사람이나 동·식물이 살아온 햇수'를 의미하는 유의어이지만 대상에 따라 웃어른에게는 높임말인 '연세'를 사용해야 합니다.

오답 풀이 (1) 의미가 서로 대립하는 것은 반의 관계에 있는 반의어입니다.

5 ㉠은 '법이나 규칙이나 명령 따위로 어떤 행위를 하지 못하게 함.'을 의미하므로 이 글에 나타난 단어 중 '일정한 한도를 정하거나 그 한도를 넘지 못하게 막음.'이라는 의미를 가진 '제한'과 유의 관계입니다. '금지'의 반의어로는 '허락하여 너그럽게 받아들임.'의 의미를 갖는 '허용', '행동이나 일을 하도록 허용함.'의 의미를 갖는 '허가', '청하는 일을 하도록 들어줌.'의 의미를 갖는 '허락' 등이 있습니다.

6 채점 기준 (1)에는 '늘'이나 '항상'을 쓰고, (2)에는 (1)에서 쓴 단어를 활용하여 뜻이 통하는 문장을 썼으면 정답으로 합니다.

7 채점 기준 (1)에는 반의 관계에 있는 두 단어를 떠올려 쓰고, (2)에는 (1)에서 쓴 반의 관계인 두 단어를 모두 활용하여 뜻이 통하는 문장을 썼으면 정답으로 합니다.

2 상의어, 하의어

기초	29쪽

1 (3) ○
2 (1) ㉑   (2) ㉞   (3) ㉣
3 (1) 학용품   (2) 직업
4 ㉢

1 '여름'은 '계절'에 포함되는 단어이므로 '계절'과 '여름'은 상하 관계입니다. '계절'이 상의어이고, '여름'이 하의어입니다.

```
        계절
   ┌────┼────┬────┐
  봄   여름   가을   겨울
```

2 '신발'의 하의어에는 '장화', '구두', '운동화' 등이 있고, '가구'의 하의어에는 '침대', '책상', '장롱' 등이 있습니다. 또한 '가전제품'의 하의어에는 '세탁기', '냉장고', '텔레비전' 등이 있습니다.

상의어는 일반적이고 공통적인 의미를 지니고, 하의어는 개별적이고 구체적인 의미를 가집니다.

3 (1)에서는 '학용품'이 상의어, '자', '연필', '지우개', '스케치북'이 하의어이고, (2)에서는 '직업'이 상의어, '작가', '화가', '농부', '간호사'가 하의어입니다.

4 '생물'이 상의어이고, '식물', '동물', '미생물'은 하의어입니다.

오답 풀이 '생물'은 '생명을 가지고 스스로 생활 현상을 유지하여 나가는 물체.'를 뜻하므로 '일정한 형체를 갖춘 모든 물질적 대상.'을 뜻하는 물건은 하의어가 될 수 없습니다.

적용	30~31쪽

1 ③   **2** ⑤
3 ③
4 (1) 예 티셔츠   (2) 예 월요일
5 (1) 동물
　(2) 알로사우루스(티라노사우루스)
　(3) 티라노사우루스(알로사우루스)
6 (1) 떡
　(2) 예 할머니께서는 떡을 쪄서 동네 사람들에게 나누어 주셨습니다.
7 (1) 예 연예인, 가수
　(2) 예 저의 꿈은 연예인이 되는 것인데, 그중에서도 가수가 되고 싶습니다.

1 '새벽'은 '먼동이 트려 할 무렵.'을 의미하고, '아침' 은 '날이 새면서 오전 반나절쯤까지의 동안.'을 의미하는 단어입니다. 둘 다 하루 중 어느 때를 말하는 단어로, 상하 관계가 아닙니다.

오답 풀이 ① 개 ⊃ 진돗개, 치와와, 푸들, 풍산개 ……
② 한식 ⊃ 김치, 비빔밥, 불고기, 청국장 ……
④ 감정 ⊃ 기쁨, 즐거움, 놀라움, 슬픔 ……
⑤ 국가 ⊃ 한국, 미국, 일본, 러시아 ……

2 ①에서 '벚꽃'은 '과일'의 하의어가 아니고, ②에서 '수학, 사회, 과학, 미술'의 상의어는 '과목'입니다. ③에서 '채소'의 하의어는 '가지, 양파, 당근' 등이고, ④에서 '플루트'는 '타악기'의 하의어가 아니라 '관악기'의 하의어입니다.

 둘 이상의 단어에서 한쪽이 의미상 다른 쪽을 포함하는 단어가 '상의어' 이고, 의미상 다른 쪽에 포함되는 단어가 '하의어'입니다. 따라서 단어가 다른 단어의 의미를 포함하는지 아니면 다른 단어의 의미에 포함되는지를 살펴보면 상의어와 하의어를 잘 구분할 수 있습니다.

3 '새'의 상의어로는 '동물'이 알맞고, '새'의 하의어로는 '제비'가 알맞습니다. '새'는 '동물'의 하의어이자, '제비'의 상의어입니다.

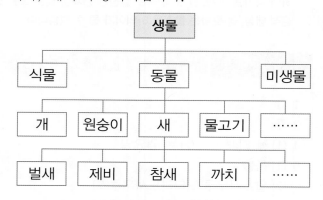

4 '옷'의 하의어에는 '치마', '바지' 등이 있고, '요일'의 하의어에는 '화요일', '수요일', '목요일' 등이 있습니다.

5 이 글에 나타난 단어 중 공룡의 상의어는 '동물'이며, 공룡의 하의어로 들어갈 수 있는 단어는 '알로사우루스', '티라노사우루스'입니다.

 단어의 상하 관계는 상대적입니다. 따라서 한 단어는 비교하는 대상에 따라 어떤 단어의 상의어이면서 동시에 또 다른 단어의 하의어가 될 수도 있습니다.

6 채점 기준 (1)에는 '떡'을 쓰고, (2)에는 '떡'을 넣어 뜻이 통하는 문장을 썼으면 정답으로 합니다.

7 채점 기준 (1)에는 상하 관계에 있는 두 단어를 쓰고, (2)에는 (1)에서 쓴 두 단어를 모두 활용하여 뜻이 통하는 한 문장을 썼으면 정답으로 합니다.

3 동음이의어, 다의어

기초	33쪽

1 (1) ×　　(2) ○
2 (1) ㉮　　(2) ㉯
3 (1) 다　　(2) 동
4 (3) ○

1 동음이의어는 소리는 같지만 의미가 다른 단어이고, 다의어는 여러 개의 의미를 지니고 있는 단어입니다.

 소리가 같은 단어일 경우 그 단어들의 의미가 서로 관련이 있으면 다의어이고, 관련이 없이 소리만 같으면 동음이의어입니다.

2 (1)에서 앞에 나온 '밤'은 깜깜한 밤을, 뒤에 나온 '밤'은 먹는 밤을 말하므로 동음이의어입니다. (2)에서 앞에 나온 '다리'는 책상 다리, 뒤에 나온 '다리'는 사람 다리를 말하므로 다의어입니다.

 '(책상) 다리'나 '(사람의) 다리'를 뜻하는 다의어 '다리'와 '(건너다니는 시설물) 다리'는 동음이의어 관계입니다. 이처럼 다의어가 다른 단어와 동음이의어 관계가 될 수 있습니다.

3 (1)에서 '먹다'는 다의어로, 첫 번째는 '음식 따위를 입을 통하여 배 속에 들여보내다.', 두 번째는 '어떤 마음이나 감정을 품다.'라는 의미로 사용되었습니다. (2)에서 '감다'는 동음이의어로, 첫 번째는 '어떤 물체를 다른 물체에 말거나 빙 두르다.'라는 뜻의 '감다', 두 번째는 '머리나 몸을 물로 씻다.'라는 뜻의 '감다'입니다.

오답 풀이 (1) 다의어 '먹다'의 쓰임: 밥을 <u>먹다</u>. / 마음을 <u>먹다</u>. / 나이를 <u>먹다</u>. / 겁을 <u>먹다</u>. / 솜이 물을 <u>먹다</u>. / 우승을 <u>먹다</u>. / 골을 <u>먹다</u>.

(2) 동음이의어 '감다'의 쓰임: 실을 <u>감다</u>. / 머리를 <u>감다</u>. / 눈을 <u>감다</u>.

4 빈칸에 들어갈 다의어는 '머리'로, 여러 개의 의미를 지니고 있습니다. 첫 번째 문장에서 '머리'는 '사람이나 동물의 목 위의 부분.', 두 번째 문장에서 '머리'는 '머리털.', 세 번째 문장에서 '머리'는 '생각하고 판단하는 능력.'이라는 의미를 가집니다.

'머리'의 의미 중 '사람이나 동물의 목 위의 부분.'이 중심 의미이고, '머리털.', '생각하고 판단하는 능력.'은 모두 주변 의미입니다.

적용　　　　　　　　　34~35쪽

1 ②　　　　　　　**2** ②
3 ④　　　　　　　**4** ③
5 (1) ㉡　(2) ㉢　(3) ㉠
6 ⑩ 나는 그 물건을 기증할 의사가 전혀 없습니다.
7 (1) ⑩ 속
(2) ⑩ 가방 속에 지갑이 들어 있었습니다.
(3) ⑩ 속이 좋지 않아 밥을 먹을 수 없습니다.

1 ②에서 첫 번째 '코'는 얼굴에 있는 코를, 두 번째 '코'는 콧물을 의미하므로 다의어입니다.

오답 풀이 ① 벌을 받다: 잘못하거나 죄를 지은 사람에게 주는 고통. / 벌이 날다: 벌목의 곤충 가운데 개미류를 제외한 곤충.

③ 비로 쓸다: 먼지나 쓰레기를 쓸어 내는 기구. / 비가 내리다: 대기 중의 수증기가 높은 곳에서 찬 공기를 만나 식어서 엉기어 땅 위로 떨어지는 물방울.

④ 발을 짜다: 가늘고 긴 대를 줄로 엮거나, 줄 따위를 여러 개 나란히 늘어뜨려 만든 물건. / 발이 아프다: 사람이나 동물의 다리 맨 끝부분.

⑤ 굴을 먹다: 굴과의 연체동물을 통틀어 이르는 말. / 굴에 들어가다: 자연적으로 땅이나 바위가 안으로 깊숙이 패어 들어간 곳.

2 ②의 '길'도 ①과 마찬가지로 '땅 위에 낸 일정한 너비의 공간.'을 의미합니다.

3 소리는 같지만 뜻이 다른 '차다'가 들어가야 문장의 뜻이 모두 통합니다. '차다'는 '공을 차다'에서는 '발로 내어 지르거나 받아 올리다.', '바람이 차다.'에서는 '온도가 낮다.', '시계를 차다'.에서는 '몸의 한 부분에 달아매거나 끼워서 지니다.'라는 의미입니다.

'차다'의 동음이의어에는 '일정한 공간에 사람, 사물, 냄새 따위가 더 들어갈 수 없이 가득하게 되다.'라는 의미를 가진 단어도 있는데, 이 단어는 '버스에 사람이 가득 차다.'와 같이 쓰입니다.

4 ①, ②, ④, ⑤는 다의어입니다. ③은 하늘에서 내리는 눈을 의미하므로 ①, ②, ④, ⑤와 소리는 같지만 의미가 다른 동음이의어입니다.

오답 풀이 ① 눈을 뜨다: 물체를 볼 수 있는 감각기관.
② 눈이 나쁘다: 시력.
④ 보는 눈이 정확하다: 사물을 보고 판단하는 힘.
⑤ 의심의 눈으로 보다: 무엇을 보는 표정이나 태도.

5 '얼굴'은 다의어로, ㉢이 중심 의미이고 ㉠과 ㉡은 주변 의미입니다.

6 채점 기준 사람의 병을 고치는 '의사' 외에 다른 의미를 지니는 '의사'를 넣어 뜻이 통하는 문장을 썼으면 정답으로 합니다.

7 채점 기준 (1)에는 다의어를 쓰고, (2)와 (3)에는 (1)에서 쓴 다의어의 두 가지 의미를 살려 뜻이 통하는 두 문장을 썼으면 정답으로 합니다.

36~37쪽 종합 ② 단어의 의미 관계

1

유의어, 반의어 / 상의어, 하의어 ●
두 단어의 의미가 비슷한지(유의 관계), 반대되는지(반의 관계), 포함하거나 포함되는지(상하 관계) 생각해 봅니다.

오답 풀이
① 유의 관계   ③ 상하 관계
④ 반의 관계   ⑤ 유의 관계

다음 중 단어의 의미 관계를 바르게 연결한 것은 무엇입니까? (②)

① 밥 / 진지 ⇨ 상하 관계
  '밥'의 높임말
② 열다 / 닫다 ⇨ 반의 관계
③ 생선 / 참치 ⇨ 유의 관계
  상의어 하의어
④ 뛰다 / 걷다 ⇨ 유의 관계
⑤ 아이 / 어린이 ⇨ 반의 관계

2

* 글의 종류: 설명문
* 글의 특징: 스켈레톤, 봅슬레이, 루지를 비교와 대조의 방법으로 설명하는 글입니다.

유의어, 반의어 / 상의어, 하의어
글에 나오는 단어의 유의어, 반의어, 상의어, 하의어를 생각해 봅니다.

오답 풀이
① ㉠의 상의어는 '스포츠'
② ㉢의 반의어는 '내리는'
④ '사용'은 ㉤의 유의어
⑤ '잃고'는 ㉥의 반의어

다음 ㉠~㉥에 대한 설명으로 알맞은 것은 무엇입니까? (③)

> '썰매 3총사'로 불리는 ㉠스켈레톤, 봅슬레이, 루지는 모두 썰매를
> 동계 스포츠 종목: 상의어는 '스포츠'
> 타고 얼음 위를 누가 빨리 달리는지를 겨루는 동계 ㉡스포츠이다. 세 종목
> 은 썰매를 ㉢타는 모양에 따라 구분하는 것이 ㉣가장 쉽다. 스켈레톤
> 반의어는 '내리는'   유의어는 '제일'
> 은 썰매에 '엎드려' 머리부터 내려오기 때문에 위험성이 크다. 봅슬레
> 스켈레톤의 자세
> 이는 방향을 조정하는 키가 달린 썰매에 '앉아
> 서' 내려온다. 루지는 출발 손잡이를 ㉤이용해   봅슬레이의 자세
> 추진 동력을 ㉥얻고 장갑을 낀 손으로 가속도   유의어는 '사용'
> 반의어는 '잃고'
> 를 낸 뒤 '누워서' 발부터 내려온다.
> 루지의 자세

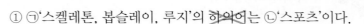

① ㉠'스켈레톤, 봅슬레이, 루지'의 하의어는 ㉡'스포츠'이다.
② ㉢'타는'의 반의어는 '끄는'이다.
③ ㉣'가장'의 유의어는 '제일'이다.
④ ㉤'이용'의 반의어는 '사용'이다.
⑤ ㉥'얻고'의 상의어는 '잃고'이다.

3

유의어, 반의어 / 상의어, 하의어 ●
의미가 거의 같거나 비슷한 유의어, 의미가 서로 반대되거나 대립하는 반의어, 상하 관계에 있는 상의어와 하의어를 떠올려 봅니다.

다음 의미 관계에 알맞은 단어를 쓰시오.

(1) '낯'의 유의어 ⇨ (예 얼굴)
(2) '공'의 하의어 ⇨ (예 축구공)
  예 농구공, 야구공, 탁구공, 골프공
(3) '출발'의 반의어 ⇨ (예 도착)
(4) '구두', '운동화'의 상의어 ⇨ (예 신발(신))
(5) '장갑을 벗다.'에서 '벗다'의 반의어 ⇨ (예 끼다)
  몸에 착용한 물건을 떼어 내다.

4 다음 중 밑줄 친 단어의 관계가 나머지와 (다른) 것은 무엇입니까? (④) ┈┈┈┈●○동음이의어, 다의어

① 생선 가시를 발랐다. / 내 방에 예쁜 벽지를 발랐다. → 동음이의어
　　껍질을 벗겨 알맹이를 집어냈다.
② 너무 쓴 약은 먹기 싫다. / 모자를 쓴 모습이 예쁘다. → 동음이의어
③ 배가 아파서 병원에 갔다. / 섬에 들어가려고 배를 탔다. → 동음이의어
④ 새로 산 신발이 발에 꼭 맞다. / 영수는 발이 무척 빠르다. → 다의어
　　　　　　　　　　신체의 발.　　　　　　　　　걸음.
⑤ 만 10세 이상은 타면 안된다. / 건강에 이상이 발견되었다. → 동음이의어
　　수량이나 정도가 기준보다 더 많음.　　정상적인 상태와 다름.

동음이의어와 다의어를 알맞게 구분해 봅니다.

오답 풀이

①, ②, ③, ⑤ 말소리는 같지만 의미가 전혀 다름. → 동음이의어

5 다음은 다의어 (손)의 뜻과 쓰임을 정리한 것입니다. 빈칸에 알맞은 문장을 써넣으시오. ┈┈┈┈●○동음이의어, 다의어

뜻	쓰임
사람의 팔목 끝에 달린 부분.	예 두 손을 모아 기도했다.
손가락.	예 손에 반지를 꼈다.
(일손) → 일하는 사람.	예 농사철인데 손이 부족해서 큰일이다.
어떤 일을 하는 데 드는 사람의 힘이나 노력, 기술.	예 그 일의 성공과 실패는 네 손에 달려 있다.

'일손'이라는 뜻의 '손'을 넣어 문장을 씁니다.

채점 기준

'손이 부족하다.', '손이 달리다.', '손이 모자라다.', '손이 많다.' 등과 같이 '일손'이라는 뜻의 '손'을 넣어 뜻이 통하는 문장을 썼으면 정답으로 합니다.

6 다음 밑줄 친 '(얼굴)'이 ㉠과 같은 뜻으로 쓰인 것은 무엇입니까? (④) ┈┈┈┈●○동음이의어, 다의어

㉠얼굴 인식 기술이 신분 확인, 범죄자 검색과
　머리 앞면의 전체적 윤곽이나 생김새.
같은 보안 관련 분야뿐 아니라 디지털카메라나 스
　　　　　　　얼굴 인식 기술의 활용 범위
마트폰 등에서도 이용되고 있다. 얼굴 인식 기술은
편리함을 주는 반면, 개인 정보 침해 우려가 있다.
　　　　　　　얼굴 인식 기술의 위험성

① 민희는 우리 학교의 얼굴이다.
　　　　　　　　　　└─ 어떤 사물의 진면목을 단적으로 보여 주는 대표적 표상.
② 새로운 얼굴을 회장으로 뽑기로 했다.
　　　　　　　　└─ 어떤 분야에 활동하는 사람.
③ 동생은 겁에 질린 얼굴로 나를 바라보았다.
　　　　　　　　　　　└─ 어떤 심리 상태가 나타난 형색.
④ (얼굴)을 익히려고 사진을 자꾸 들여다보았다.
⑤ 얼굴 한번 세워 보려고 했는데 잘 안돼서 속상하다.
　　└── 주위에 잘 알려져서 얻은 평판이나 명예. 또는 체면.

'얼굴'이 '머리 앞면의 전체적 윤곽이나 생김새.'라는 뜻으로 쓰인 것을 찾아봅니다.

3 품사

1 명사, 대명사, 수사 ~ 2 조사

기초	43쪽

1 (1) ✕ (2) ○ (3) ✕
2 (1) ㉮ (2) ㉰ (3) ㉯
3 (1) 이순신 (2) 너희 (3) 열다섯
4 와, 가, 에서

1 조사는 다른 말에 붙어 그 말과 다른 말과의 문법적 관계를 나타내는 품사이고, 대명사는 사람, 사물, 장소 등의 이름을 대신 나타내는 품사입니다. 사물의 수량이나 순서를 나타내는 품사는 수사입니다.

㉣ **품사의 분류**

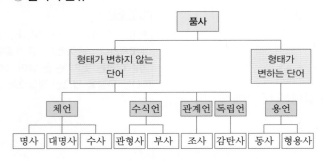

2 각 문장을 살펴보면 '평화'는 대상의 이름을 나타내는 명사이고, '그쪽'은 장소의 이름을 대신 나타내는 대명사입니다. 또, '넷'은 사물의 수량을 나타내는 수사입니다.

3 명사, 대명사, 수사의 개념을 떠올려 문장에서 알맞게 찾아봅니다. 명사, 대명사, 수사는 문장에서 중심이 되는 역할을 하는 말('체언')입니다. 명사, 대명사, 수사는 문장에서 쓰일 때 형태가 변하지 않는 특징이 있으며, 홀로 쓰이거나 조사와 결합하여 쓰입니다.

　오답 풀이 (1) '이순신'처럼 사람의 이름을 나타내는 단어 → 명사
　(2) '너희'처럼 듣는 이가 친구나 아랫사람들일 때, 그 사람들을 가리키는 단어 → 대명사
　(3) '열다섯'처럼 나이(수량)를 나타내는 단어 → 수사

4 '민수', '주아', '운동장'은 명사이고, 명사 뒤에 붙은 '와', '가', '에서'는 조사입니다.

> 조사는 홀로 쓰일 수 없어 반드시 다른 말에 붙어서 쓰이지만 단어로 인정되는 특징이 있습니다. 그리고 조사는 주로 체언 뒤에 붙지만 때로는 동사, 형용사, 부사 뒤, 혹은 문장 뒤에 붙기도 합니다.

적용	44~45쪽

1 ②　　　　　　　　　　**2** ②
3 ③　　　　　　　　　　**4** (3) 조사
5 ②, ④
6 ㉣ 예전에 여행한 데는 또 가고 싶지 않다. / 예전에 가 본 데가 어디쯤인지 모르겠다.
7 (1) 이다 (2) ㉣ 침묵은 금이다. / 이것은 책이다.

1 '학교'와 '질서'는 문장에서 사용될 때 형태가 변하지 않으며, 문장에서 주체가 되는 역할을 하는 명사입니다. ③ 장소의 이름을 대신 나타내는 것은 '대명사'입니다.

2 '것'은 의존 명사로, 홀로 쓰이지 못하고 다른 말의 꾸밈을 반드시 필요로 합니다.

　오답 풀이 ① 저: 말하는 이가 윗사람이나 그다지 가깝지 아니한 사람을 상대하여 자기를 낮추어 가리키는 일인칭 대명사.
　③ 그: 말하는 이와 듣는 이가 아닌 사람을 가리키는 삼인칭 대명사. 앞에서 이미 이야기하였거나 듣는 이가 생각하고 있는 사람을 가리키고, 주로 남자를 가리킬 때 씀.
　④ 저기: 말하는 이나 듣는 이로부터 멀리 있는 곳을 가리키는 지시 대명사.
　⑤ 소인: 신분이 낮은 사람이 자기보다 신분이 높은 사람을 상대하여 자기를 낮추어 이르던 일인칭 대명사.

3 사물의 수량이나 순서를 나타내는 품사는 수사로, ③에 쓰인 '열'이 수사입니다.

4 '나는(도) 개와 고양이를 좋아한다.'가 완성된 문장입니다. 이 문장에서 '는(도)', '와', '를'처럼 다른 말에 붙어 그 말과 다른 말과의 문법적 관계를 나타내는 품사는 조사입니다.

5 ㉡'지진'은 대상의 이름을 나타내는 명사이고, ㉣ '이'는 사물 등의 이름을 대신 나타내는 대명사입니다.

> **오답 풀이** ① ㉠'하나': '수효를 세는 맨 처음 수.'라는 뜻 → 수사
> ③ ㉢'에': 체언 뒤에 붙어 앞말이 시간의 부사어임을 나타냄. → 조사
> ⑤ ㉤'행동': '몸을 움직여 동작을 하거나 어떤 일을 함.'이라는 뜻 → 명사

6 채점 기준 '데'를 넣어 뜻이 통하는 문장을 썼으면 정답으로 합니다.

> 주어진 문장에서 '데'가 '곳'이나 '장소'의 뜻을 나타내는 명사입니다. '데', '것', '뿐', '만큼' 등은 다른 말에 기대어 쓰이는, 대상이나 개념의 이름을 나타내는 명사입니다.

7 채점 기준 (1)에는 '이다'에 ○표를 하고, (2)에는 '이다'를 넣어 뜻이 통하는 문장을 썼으면 정답으로 합니다.

3 동사, 형용사

기초	47쪽

1 (1) 형　(2) 동
2 (1) 읽다　(2) 아름답다
3 (1) 동사　(2) 형용사　(3) 동사
4 (1) 뛰는다　(2) 예쁘자

1 동사와 형용사는 용언에 속하지만 서로 다른 특징도 가진 품사입니다. 동사는 사람이나 사물의 움직임이나 작용을 나타내는 품사로, '-는다/-ㄴ다', '-아라/-어라', '-자'가 붙을 수 있습니다. 형용사는 사람이나 사물의 상태나 성질을 나타내는 품사로, '-는다/-ㄴ다', '-아라/-어라', '-자'가 붙을 수 없습니다.

2 (1)에서 '읽다'는 '읽는다', '읽어라', '읽자'로 쓰일 수 있으므로 동사입니다. (2)에서 '아름답다'는 '-는다/-ㄴ다', '-아라/-어라', '-자'가 붙으면 어색하므로 형용사입니다.

> 문장 속에서 용언의 형태가 달라지는 것을 용언의 활용이라고 합니다. 이때 형태가 변하지 않는 부분과 형태가 변하는 부분으로 나눌 수 있습니다.

3 '신었다'의 기본형은 '신다', '맑다'의 기본형은 '맑다', '받았다'의 기본형은 '받다'입니다.

> **오답 풀이** (1) 신다: '신, 버선, 양말 따위를 발에 꿰다.'는 뜻 → 사람의 움직임을 나타냄.(동사)
> (2) 맑다: '구름이나 안개가 끼지 아니하여 햇빛이 밝다.'는 뜻 → 사물의 상태를 나타냄.(형용사)
> (3) 받다: '점수나 학위, 상 따위를 따다.' 등의 뜻 → 사람이 한 일을 나타냄.(동사)

4 (1)에서 '뛰는다'가 아니라 '뛴다'가 알맞습니다. (2)에서 '예쁘다'는 형용사이므로 뒤에 '-자'가 붙을 수 없습니다.

> 동사와 형용사는 문장에서 주어의 움직임이나 상태를 나타내는 역할을 하는 용언입니다. 따라서 문장에서 주로 서술어로 쓰이며, 활용에 의해 여러 문장 성분으로 쓰일 수 있습니다.

적용	48~49쪽

1 ③　　　　　　**2** ㉢, ㉣, ㉤
3 ④
4 (1) 파랗다　(2) 무너지다
5 (1) ㉡　(2) 유명하다　(3) 예 유명하고, 유명해서
6 (1) 예 버리다 / 뛰어가다
　(2) 예 찢어진 옷을 쓰레기통에 버렸다. / 지희가 급히 약국으로 뛰어갔다.
7 (1) 예 높다 / 행복하다
　(2) 예 내가 사는 아파트는 매우 높다. / 나는 행복한 사람이다.

1 '부르다'는 '곡조에 맞추어 노래의 가사를 소리 낸다.'는 뜻의 동사입니다.

오답 풀이 ① 보다: '눈으로 대상을 즐기거나 감상하다.'는 뜻 → 동사

② 바쁘다: '일이 많거나 또는 서둘러서 해야 할 일로 인하여 딴 겨를이 없다.'는 뜻 → 형용사

④ 차갑다: '촉감이 서늘하고 썩 찬 느낌이 있다.'는 뜻 → 형용사

⑤ 던지다: '손에 든 물건을 다른 곳에 떨어지게 팔과 손목을 움직여 공중으로 내보내다.'는 뜻 → 동사

2 ㉢'지나가다', ㉣'손꼽다', ㉤'기다리다'는 모두 동사입니다. ㉠'춥다'는 형용사이고, ㉡'빨리'는 뒤에서 배울 부사입니다.

3 '맵다'처럼 '-는다/-ㄴ다', '-아라/-어라', '-자'가 붙지 않는 품사는 형용사입니다.

오답 풀이 ① 피다: '꽃봉오리 따위가 벌어지다.', '연탄이나 숯 따위에 불이 일어나 스스로 타다.', '냄새나 먼지 따위가 퍼지거나 일어나다.' 등의 뜻 → 동사

② 입다: '옷을 몸에 꿰거나 두르다.', '받거나 당하다.'는 뜻 → 동사

③ 흐르다: '시간이나 세월이 지나가다.', '액체 따위가 낮은 곳으로 내려가거나 넘쳐서 떨어지다.', '윤기, 광택 따위가 번지르르하게 나다.', '빛, 소리, 향기 따위가 부드럽게 퍼지다.' 등의 뜻 → 동사

⑤ 나누다: '하나를 둘 이상으로 가르다.', '나눗셈을 하다.', '음식 따위를 함께 먹거나 갈라 먹다.', '말이나 이야기, 인사 따위를 주고받다.' 등의 뜻 → 동사

4 (1)의 단어들의 기본형은 '파랗다'로 형용사입니다. (2)의 단어들의 기본형은 '무너지다'로 동사입니다.

5 ㉡'유명하다'는 '이름이 널리 알려져 있다.'는 뜻의 형용사입니다.

오답 풀이 ㉠ 전하다: '후대나 당대에 이어지거나 남겨지다.'는 뜻 → 동사

㉢ 달리다: '물건 등이 일정한 곳에 붙여지다.'는 뜻 → 동사

㉣ 떼다: '붙어 있거나 잇닿은 것을 떨어지게 하다.'는 뜻 → 동사

㉤ 보다: '책이나 신문 따위를 읽다.'는 뜻 → 동사

6 채점 기준 (1)에는 동사를 한 가지 쓰고, (2)에는 (1)에서 쓴 동사를 활용하여 뜻이 통하는 문장을 썼으면 정답으로 합니다.

7 채점 기준 (1)에는 형용사를 한 가지 쓰고, (2)에는 (1)에서 쓴 형용사를 활용하여 뜻이 통하는 문장을 썼으면 정답으로 합니다.

> 형용사는 사물의 성질이나 상태를 나타내는 품사입니다. '자동차가 빠르다.', '포도가 시다.'와 같이 사물의 상태나 성질을 다양한 말로 표현할 수 있습니다.

4 관형사, 부사 ~ 5 감탄사

기초	51쪽

1 (1) ×   (2) ○   (3) ○
2 (1) ㉡   (2) ㉮   (3) ㉢
3 (1) 관형사   (2) 부사   (3) 부사
4 그래

1 부사는 조사가 붙는 경우도 있기 때문에 (1)은 알맞은 설명이 아닙니다.

> 문장에서 다른 단어나 문장을 꾸며 주는 역할을 하는 관형사와 부사는 수식언이고, 문장에서 감정, 부름, 대답을 나타내는 감탄사는 독립언에 해당됩니다.

2 관형사는 체언을 꾸며 주는 역할을 하고, 부사는 용언이나 다른 부사, 문장 전체 등을 꾸며 주는 역할을 합니다. 그리고 감탄사는 말하는 사람의 놀람, 반가움 등의 감정을 나타내거나 부름이나 대답을 나타내는 역할을 합니다.

오답 풀이 (1) 모두 이리 오세요. → 장소나 시간 등의 특정한 대상을 가리키는 부사

(2) 온갖 벌레가 모였다. → 사람이나 사물의 성질이나 상태를 꾸며 주는 관형사

(3) 아, 드디어 시험이 끝났다. → 느낌을 나타내는 감탄사

3 (1)의 '저'는 어떤 대상을 가리키는 관형사이고, (2)의 '못'은 용언 앞에서 그 내용을 부정하는 부사입니다. (3)에서 '매우'는 또 다른 부사를 꾸며 주는 부사입니다. 문장에서 무엇을 꾸며 주는 역할을 하는지 살펴보면 관형사와 부사를 쉽게 구분할 수 있습니다.

4 수지가 한 말에서 대답을 나타내는 '그래'가 감탄사입니다. 감탄사는 주로 쉼표나 느낌표 등의 문장 부호를 사용해서 독립된 요소임을 나타냅니다. 하지만 그렇지 않은 경우도 있으므로, 생략해도 문장이 성립하는 독립적인 성분인지 잘 살펴보는 것이 중요합니다.

 '수지야!' 처럼 상대방의 이름을 부르는 경우는 감탄사로 인정하지 않으니 주의해야 합니다.

적용	52~53쪽

1 ⑤	**2** ㉠, ㉡, ㉢
3 ①	**4** ⑤
5 ①, ③, ⑤	

6 예 나는 밥을 그렇게 빨리는 먹지 못한다. / 여름은 너무도 덥다.

7 예 어머, 깜짝이야! / 앗! 차가워.

1 ⑤의 '깨끗한'은 '깨끗하다'가 기본형인 형용사입니다. '깨끗하다'가 활용한 것이기 때문에 관형사가 아닙니다.

　■오답 풀이■ ① 물 한 잔만 주세요. → 수량이나 순서를 나타내는 관형사

② 둘째 시간은 수학이다. → 수량이나 순서를 나타내는 관형사

③ 아무 말도 하지 못했다. → 사람이나 사물의 성질이나 상태를 꾸며 주는 관형사

④ 그 가게는 문을 닫았다. → 어떤 대상을 가리키는 관형사

2 제시된 글에서 '흘끗', '슬금슬금', '설마'가 부사입니다. '껍데기'는 명사이고, '커다란(커다랗다)'은 형용사입니다.

 사람이나 사물의 소리를 흉내 낸 말을 '의성어', 모양이나 움직임을 흉내 낸 말을 '의태어'라고 합니다. 의성어나 의태어는 사람이나 사물의 모양과 상태를 꾸며 주는 말이기 때문에 부사에 해당합니다.

3 ①에서 '더'는 '빨리'를 꾸며 주는 부사입니다. 주어진 문장에서 '달려라'를 꾸며 주는 것은 부사 '빨리'입니다.

 관형사와 부사는 문장에서 쓰일 때 형태가 변하지 않는 특징을 가지고 있습니다. 또, 꾸밈을 받는 말 앞에 놓여 뒤에 오는 다른 말을 꾸며 주는 기능을 합니다.

4 '분명히'는 '어떤 사실이 틀림이 없이 확실하게.'라는 뜻의 부사입니다.

　■오답 풀이■ ① 앗! 차가워. → 느낌이나 놀람을 나타내는 감탄사

② 그래, 그렇게 하자. → 대답을 나타내는 감탄사

③ 여보, 이것 좀 보세요. → 부름을 나타내는 감탄사

④ 글쎄, 잘 모르겠는데요. → 태도를 나타내는 감탄사

5 관형사는 조사가 붙지 않고, 다른 말과 띄어 쓰는 특징이 있습니다. 반면에 부사는 문장 내에서 위치가 비교적 자유롭고 다른 부사, 관형사, 문장 전체를 꾸며 주기도 하는 특징이 있습니다.

　■오답 풀이■ ② ㉡'멀리': 문장에서 쓰일 때 형태가 변하지 않는 부사

④ ㉠'새': 체언을 꾸며 주는 관형사

　㉡'멀리': 용언을 꾸며 주는 부사

　㉢'따로': 문장 전체를 꾸며 주는 부사

6 ■채점 기준■ 조사가 붙은 형태의 부사(예 너무도, 멀리는, 이리만)를 넣어 뜻이 통하는 문장을 썼으면 정답으로 합니다.

7 ■채점 기준■ '어머', '앗' 등의 감탄사를 알맞게 넣어 놀란 마음이 잘 드러나는 문장을 썼으면 정답으로 합니다.

54~55쪽 종합 ③ 품사

품사

단어를 기능에 따라 다섯 가지(체언, 관계언, 용언, 수식언, 독립언)로 나눌 수 있습니다.

오답 풀이

① 관계언   ② 독립언
③ 용언   ④ 수식언

---

* 글의 종류: 설화
* 글의 특징: 김유신이 신라를 지키는 산신의 도움으로 백석의 꾐에 빠져 위험에 처할 뻔한 상황에서 벗어난 내용으로, 옛날부터 전승되어 오는 이야기입니다.

품사

문장에서 단어가 나타내는 의미가 무엇인지 잘 생각하여 품사를 알아봅니다. 특히, 헷갈리기 쉬운 수사와 관형사를 잘 구분해 봅니다.
수를 나타낸다고 모두 수사인 것은 아닙니다. 상황에 따라 수사, 관형사, 명사로도 쓰일 수 있다는 점을 잘 기억합니다.
예 첫째, 불을 끕시다. → 수사
   첫째 주 일요일에 만나요. → 관형사
   옆집 첫째가 벌써 초등학교에 입학했다. → 명사

---

1 다음 중 품사의 종류를 바르게 정리한 것은 무엇입니까? (⑤)

① 조사 ⇨ 독립언
예 가, 과, 을

② 감탄사 ⇨ 용언
예 앗, 야, 그래

③ 동사, 형용사 ⇨ 수식언
예 뛰다, 읽다 / 예 빠르다, 즐겁다

④ 관형사, 부사 ⇨ 관계언
예 옛, 저 / 예 제발, 설마

⑤ 명사, 대명사, 수사 ⇨ 체언
예 집, 학교 / 예 너, 여기 / 예 하나, 첫째

---

2 다음 ㉠~㉠에 대한 설명으로 알맞지 않은 것은 무엇입니까? (⑤)

> 삼국 통일을 꿈꾸던 ㉠김유신이 고구려를 정탐해 보라는 백석의 말을 듣고 함께 길을 떠났을 때였어요. 깊은 산중에서 여인 ㉡세 ㉢명을 만났는데, ㉣셋은 갑자기 신령으로 변하며 김유신에게 말했어요.
> (고유)명사 / 관형사 / (의존)명사 / 수사
>
> "㉤저희는 신라를 지키는 산신입니다. 돌다리도 두들겨 보며 건너라고 했는데 공은 어찌하여 백석이라는 사람을 믿고 무작정 고구려로 가려 하십니까? ㉥저자는 고구려의 첩자이니 조심하십시오."
> 대명사 / 대명사
>
> 김유신은 이 ㉦말을 듣고 신라로 ㉧되돌아와 위험에서 벗어날 수 있었어요.
> 명사 / 동사

▲ 김유신

① ㉠과 ㉢은 명사이다.
② ㉢은 다른 말에 기대어 쓰인다.
   의존 명사의 특징
③ ㉡은 관형사이고, ㉣은 수사이다.
④ ㉤과 ㉥은 대명사이고, ㉦은 명사이다.
⑤ ㉧은 형태가 변하는 조사이다.
   '되돌아와'의 기본형 → '되돌아오다'
   '원래 있던 곳으로 다시 돌아오다.'라는 뜻의 동사

조사

다른 말에 붙어 그 말과 다른 말과의 문법적 관계를 나타내는 품사를 찾아봅니다.

오답 풀이

우리[대명사]는[조사] 어머니[명사]께서[조사] 빨리[부사] 오시기[동사]를[조사] 기다렸대[동사].

3 다음 문장에 쓰인 조사는 모두 몇 개인지 쓰시오.

> 우리는 어머니께서 어서 오시기를 기다렸다.

(3개)

---

4 다음 밑줄 친 단어의 ⟨기본형⟩과 ⟨품사⟩를 알맞게 파악한 것은 무엇입니까? (②)

① 저녁에 일찍 자라. ⇨ 자다[~~형용사~~]
　　　　　기본형 '자다'
② 내일 학교에서 만나자. ⇨ 만나다[동사]
　　　　　기본형 '만나다'
③ 그 가게의 빵은 대체로 달다. ⇨ 달다[~~동사~~]
　　　　　　　　기본형 '달다'
④ 원피스를 입은 사람이 우리 엄마이다. ⇨ ~~입는다~~[~~형용사~~]
　　　　　　　기본형 '입다'
⑤ 새로운 학교에 가게 되어 설렌다. ⇨ ~~새로웁다~~[형용사]
　　기본형 '새롭다'

● 동사, 형용사

활용할 때 형태가 변하지 않는 부분에 '–다'를 붙여 기본형을 만들고, '–는다/–ㄴ다', '–아라/–어라', '–자'가 붙는 동사와 그렇지 않은 형용사를 구분해 봅니다.

오답 풀이
① '자다' → 동사
③ '달다' → 형용사
④ '입다' → 동사
⑤ '새롭다' → 형용사

5 다음 중 용언의 활용 모습이 바르지 ⟨못한⟩ 것은 무엇입니까? (③)

① 묻다 ⇨ 물어
　⑩ 묻고, 물어서
② 돕다 ⇨ 도와
　⑩ 돕고, 도와
③ 짓다 ⇨ ~~짓어서~~
　⑩ 지어서, 지으니, 지은, 짓고
④ 흐르다 ⇨ 흘러
　⑩ 흐르고, 흘러
⑤ 하얗다 ⇨ 하얘
　⑩ 하얗고, 하얘

● 동사, 형용사

활용할 때 기본 형태가 달라지는 경우를 알아 두면 좋습니다.
⑩ 울다 → 우니, 가깝다 → 가까워, 기르다 → 길러

6 다음 밑줄 친 말의 ⟨품사⟩가 무엇인지 쓰고, 그 단어를 넣어 문장을 지어 쓰시오.

> 한글은 매우 과학적이다.
> └ 보통 정도보다 훨씬 더.

품사	(1) 부사
문장 쓰기	(2) ⑩ 그는 매우 성실하다.

● 부사

부사는 문장의 한 성분을 꾸며 주는 것과 문장 전체를 꾸며 주는 것이 있습니다.

채점 기준
'매우'를 넣어 뜻이 통하는 문장을 썼으면 정답으로 합니다.

7 다음 글에 쓰인 품사가 ⟨아닌⟩ 것은 무엇입니까? (⑤)

> 플라시보 효과는 의학 성분이 전혀 없는 약을 효과
> 　　　　　　　　　　　　　　　　　　　　명사
> 가 큰 것처럼 속여 환자에게 투여했을 때, 환자의 긍
> 　형용사
> 정적 믿음으로 인해 실제로 치료 효과가 나타나는 현상을 말한다.
> 　　　　　　　　부사　　　　　　　　　　　동사

① 부사
② 동사
③ 명사
④ 형용사
⑤ ~~감탄사~~

● 품사

글에 부사, 동사, 명사, 형용사, 감탄사가 쓰였는지 살펴봅니다.

오답 풀이
① 부사 – ⑩ 전혀
② 동사 – ⑩ 속여
③ 명사 – ⑩ 효과
④ 형용사 – ⑩ 없는

４ 문장 성분

1 주성분

| 기초 | 61쪽 |

1 (2) ○
2 (1) ① 우리는　② 김치를
　　(2) ① 되었다　② 고등학생이
3 (1) 목적어　(2) 서술어　(3) 주어
4 새해가

1 주성분은 문장을 이루는 데 꼭 필요한 성분입니다.
　오답 풀이 (1) 주성분은 주어, 목적어, 서술어, 보어입니다.
　(3) '되다/아니다' 앞에 오는 문장 성분은 보어입니다.

2 (1)에서 '우리는'이 주어, '김치를'이 목적어, '먹는다'가 서술어입니다. (2)에서 '오빠는'이 주어, '고등학생이'가 보어, '되었다'가 서술어입니다.

3 (1)에는 '무엇을' 받았는지가 빠져 있으므로 빈칸에 목적어가 들어가야 합니다. (2)에는 '어찌하다'에 해당하는 말이 빠져 있으므로 빈칸에 서술어가 들어가야 합니다. (3)에는 '누가' 우리를 칭찬했는지가 빠져 있으므로 빈칸에 주어가 들어가야 합니다.

4 '되었구나'의 앞에 있는 '새해가'가 보어입니다.

주어와 보어를 구별하기 위해서는 서술어를 확인합니다. 서술어 '되다/아니다'가 나오는 문장에서 서술어 앞에 조사 '이/가'와 함께 나오는 말이 보어입니다.

| 적용 | 62~63쪽 |

1 ④
2 (1) ㉠, ㉣　(2) ㉢, ㉤, ㉥　(3) ㉡, ㉧　(4) ㉤
3 ④　　　　　　**4** ⑤
5 ⑤
6 (1) 받다　(2) 예 형이 아버지께 용돈을 받았다.
7 예 왕자는 마법에 걸려 야수가 되었다.

1 ④는 '주어 + 목적어 + 서술어'로 이루어진 문장입니다.
　오답 풀이 ① 참: 부사어
　② 예쁜: 관형어
　③ 아버지: 독립어
　⑤ 확실히: 부사어

2 문장에서 어떤 역할을 하고 있는지 살펴 문장 성분을 구분해 봅니다.

주어는 문장에서 동작이나 상태, 성질의 주체가 되는 문장 성분이고, 서술어는 주어의 동작이나 상태, 성질 등을 풀이하는 문장 성분입니다. 주어와 서술어는 주성분에 해당합니다.

3 '경찰이'는 주어이므로 밑줄 친 말이 주어인 것을 찾아봅니다.
　오답 풀이 ① 놀이터에서: 부사어
　② 초콜릿을: 목적어
　③ 검사가: 보어
　⑤ 영희에게: 부사어

4 ⑤는 '나는 물을 마셨고, 소라는 우유를 마셨다.'가 원래 문장으로 '마셨고'가 생략되었습니다.

5 ㉠과 ㉡에 쓰인 주성분은 모두 주어와 서술어뿐입니다. ㉠에서 주어는 '노란색이'이고, 서술어는 '변해 가고 있다'입니다. ㉡에서 주어는 '원인은'이고, 서술어는 '물감이었다'입니다.

6 채점 기준 (1)에 '받다'에 ○표를 하고, (2)에 '받다'를 넣어 뜻이 통하는 문장을 썼으면 정답으로 합니다.

목적어는 풀이하는 말이 표현하는 동작이나 행위의 대상이 되는 문장 성분으로, '누구를/무엇을'에 해당하는 말입니다.

7 채점 기준 '되다' 또는 '아니다' 앞에 보어를 알맞게 넣은 다음, 뜻이 통하는 문장을 썼으면 정답으로 합니다.

2 부속 성분 ~ 3 독립 성분

1 (1) ×   (2) ×   (3) ○
2 (1) 풀밭의   (2) 새
3 (1) 식탁에 두었다   (2) 세차게 두드렸다
4 채운아

1 관형어는 체언을 꾸며 주고, 부사어는 용언뿐 아니라 관형어, 부사어, 문장 전체를 꾸며 주기도 합니다. 독립어는 문장에서 다른 문장 성분들과 직접적인 관련이 없이 독립적으로 쓰입니다.

> 부속 성분은 주로 주성분을 꾸며 주는 역할을 하는 문장 성분이고, 독립 성분은 주성분이나 부속 성분과 직접적인 관련이 없는 문장 성분입니다.

2 (1)의 '풀밭의'는 명사 '풀밭'에 조사 '의'가 붙은 말로, '잡초'를 꾸며 주고, (2)의 '새'는 관형사로, '신발'을 꾸며 줍니다.

3 (1)의 '식탁에'는 명사 '식탁'에 조사 '에'가 붙은 말로, '두었다'를 꾸며 주고, (2)의 '세차게'는 형용사 '세차다'에 '-게'가 붙은 말로, '두드렸다'를 꾸며 줍니다.

4 주어진 문장에서는 채운이를 부르는 말인 '채운아'가 독립어입니다.

1 ②   2 ④
3 ㉢   4 ⑤
5 (1) ㉠, ㉢, ㉣   (2) ㉡, ㉢, ㉥   (3) ㉢
6 예 귀여운 아이들이 그네를 즐겁게 탑니다.
7 예 우아, 눈이다!

1 ㉠은 독립어, ㉡과 ㉢은 관형어, ㉣은 부사어이기 때문에 ㉠이 독립 성분이고, ㉡, ㉢, ㉣은 부속 성분입니다.

오답 풀이 ① ㉠이 독립어입니다.
③ ㉢은 관형어이고, ㉣은 부사어입니다.
④ ㉠은 독립 성분이고, ㉣은 부속 성분입니다.
⑤ ㉡과 ㉢은 부속 성분입니다.

> 관형사와 관형어는 둘 다 체언을 꾸며 주는 역할을 합니다. 관형어는 문장 성분에 해당하고, 관형사는 품사로서 관형어의 여러 형태 중 하나에 해당합니다.

2 ④의 '노래에'는 명사 '노래'에 부사를 만드는 조사 '에'가 붙어서 만들어진 부사어입니다.

오답 풀이 ① '맨'이 관형어입니다.
② '노란'이 관형어입니다.
③ '우리의'가 관형어입니다.
⑤ '커다란'이 관형어입니다.

3 ㉢에서 '차가운'은 '음료수'를 꾸며 주는 관형어입니다.

> 부사어는 일반적으로 용언을 꾸며 주는 역할을 하므로 생략해도 문장의 의미가 통합니다. 그러나 ㉠에서 '강아지와'는 생략하면 문장의 의미가 통하지 않게 됩니다. 이처럼 생략하면 의미가 통하지 않아 문장에서 꼭 필요한 부사어를 '필수 부사어'라고 합니다.

4 '응'이나 '어'와 같이 묻는 말에 대답하는 말이 들어가야 하므로 독립어가 알맞습니다.

5 체언을 꾸며 주면 관형어, 그 밖의 것을 꾸며 주면 부사어, 다른 문장 성분들과 직접적인 관련이 없으면 독립어입니다.

6 채점 기준 관형어와 부사어를 모두 넣어 뜻이 통하는 문장을 썼으면 정답으로 합니다.

7 채점 기준 독립어를 넣어 대화가 자연스럽게 이어지도록 썼으면 정답으로 합니다.

종합 4 문장 성분

1 다음 중 문장 성분에 대한 설명으로 알맞은 것은 무엇입니까? (⑤)

① 보어와 독립어는 독립 성분이다.
└ 목적어, 보어
② 주성분은 주어, 부사어, 서술어이다.
주성분 ┘
③ 부속 성분은 문장을 이루는 데 꼭 필요한 성분이다.
④ 관형어와 부사어는 독립어를 꾸며 주는 문장 성분이다.
⑤ 독립 성분은 주성분, 부속 성분과 직접적인 관련이 없다.

문장 성분

독립 성분인 독립어는 주성분, 부속 성분과 직접적인 관련이 없이 독립적으로 쓰이는 문장 성분입니다.

오답 풀이

① 독립어만 독립 성분입니다.
② 주성분은 주어, 서술어, 목적어, 보어입니다.
③ 문장을 이루는 데 꼭 필요한 성분은 주성분입니다.
④ 부속 성분은 주성분을 꾸며 줍니다.

* 글의 종류: 소개하는 글
* 글의 특징: 김유정의 단편 소설 『동백꽃』을 소개하는 글입니다.

2 다음 ㉠~㉤에 대한 설명으로 알맞지 않은 것은 무엇입니까? (②)

> ㉠『동백꽃』은 1936년에 발표된 김유정의 단편 소설이다. 1930년
> 주어   『동백꽃』을 쓴 작가
> 대 강원도 산골 마을을 배경으로 하여 농촌의 순박한 처녀 총각이 사
> 랑에 눈떠 가는 ㉡과정을 ㉢재미있게 그렸다. 이 소설의 주인공은 열
>   목적어   부사어
> 일곱 살인 '나'와 점순이이다. 점순이는
> ㉣마름의 딸이고 '나'는 소작인의 아들이
>   관형어
> 다. '나'를 좋아하는 점순이와 그 마음을
> 몰라주는 '나'의 순박함이 읽는 이에게
> 재미를 ㉤준다.
>   서술어

① ㉠은 '무엇이'에 해당하는 주어이다.
                              목적어
② ㉡은 동작이나 행위의 대상이 되는 보어이다.
③ ㉢은 '그렸다'를 꾸며 주는 부사어이다.
④ ㉣은 '딸'을 꾸며 주는 관형어이다.
⑤ ㉤은 '어찌하다'에 해당하는 서술어이다.

문장 성분

㉡은 목적어입니다. 보어는 '되다/아니다'를 보충하는 문장 성분입니다.

3 주성분으로만 이루어진 문장을 한 가지 쓰시오.
       주어, 서술어, 목적어, 보어

예 나는 과일을 좋아한다.

주성분

'주어+서술어', '주어+목적어+서술어', '주어+보어+서술어'로 이루어진 문장을 씁니다.

 채점 기준

주성분만 넣어 뜻이 통하는 문장을 썼으면 정답으로 합니다.

4 다음 중 밑줄 친 말을 생략해도 문장의 뜻이 통하는 것을 (모두) 고르시오.

(①, ③, ⑤)

① 오늘은 꼭 회의에 참석해야겠다. → 오늘은 회의에 참석해야겠다.

② 경찰은 공원에서 아이를 찾았다. → 경찰은 공원에서 찾았다. (✕)

③ 나는 미술 시간을 제일 좋아한다. → 나는 미술 시간을 좋아한다.

④ 동생은 점점 장난꾸러기가 되었다. → 동생은 점점 되었다. (✕)

⑤ 희수는 재미있는 책을 빌리러 도서관에 갔다. → 희수는 책을 빌리러 도서관에 갔다.

●부속 성분

①의 '꼭'과 ③의 '제일'은 부사어, ⑤의 '재미있는'은 관형어로, 부속 성분에 해당하며, 생략해도 문장의 뜻이 통합니다.

오답 풀이

②의 '아이를'은 목적어, ④의 '장난꾸러기가'는 보어로, 생략하면 문장의 뜻을 제대로 전달할 수 없습니다.

---

5 다음 ㉠~㉤ 중 관형어가 (아닌) 것을 (두 가지) 찾아 기호를 쓰시오.

> ㉠야외에서 활동할 때 모기에 물리지 않으려면 ㉡어떤 준비를 해야
> 부사어   관형어
> 할까요? 먼저, ㉢긴 옷을 입어 피부가 ㉣겉으로 드러
>   관형어   부사어
> 나지 않게 해야 합니다. 그리고 ㉤진한 향수는 모기를
>   관형어
> 끌어들일 수 있으므로 사용하지 않습니다.

(㉠, ㉣)

●부속 성분

㉠과 ㉣은 부사어입니다.

오답 풀이

㉡, ㉢, ㉤은 모두 뒤따라오는 명사를 꾸며 주는 관형어입니다.

---

6 다음 빈칸에 들어갈 알맞은 (부사어)를 쓰시오.

> 지한이가 방을 [   ] 청소했다.

(예 깨끗이)

●부속 성분

동사 '청소하다'를 꾸며 주는 부사어를 떠올려 봅니다. 방을 어떻게 청소했을지 떠올리면 문장에 어울리는 부사어를 생각할 수 있습니다.

---

7 다음 중 독립어가 쓰인 문장이 (아닌) 것은 무엇입니까? (④)

① 네, 그렇게 하겠습니다.

② 주원아, 숙제는 다했니?

③ 얘들아, 우리와 함께 축구를 하자.

④ 은유는 책을 읽고, 경희는 그림을 그린다.

⑤ 참, 그 책을 가지고 오는 것을 깜빡 잊었네.

●독립 성분

①의 '네'와 ⑤의 '참'은 감탄사이고, ②의 '주원아'와 ③의 '얘들아'는 체언에 조사 '아'가 붙어서 누군가를 부르는 말입니다.

오답 풀이

④는 '은유는 책을 읽는다.'와 '경희는 그림을 그린다.'라는 두 문장이 이어지면서 쉼표를 붙인 것이므로 독립어와는 관련이 없습니다.

5 문장의 표현

1 시간 표현

기초   75쪽

1 (2) ○
2 (1) ㉯   (2) ㉮   (3) ㉰
3 (1) 먹었다   (2) 잔다   (3) 달릴 것이다
4 엊그제

1 현재를 표현하기 위해서는 동사에 '-(으)ㄴ-/-는-'을 붙입니다. 형용사는 기본형이 그대로 현재를 나타냅니다.
> **오답 풀이** (1) '내일', '내년', '먼 훗날'은 미래를 나타내는 말입니다.
> (3) 사건이 일어난 때가 사건에 대해 말하는 때보다 앞선 시간 표현은 과거입니다.

2 (1)의 '잡는다'는 현재, (2)의 '심었다'는 과거, (3)의 '쏟아지겠다'는 미래를 나타내고 있습니다.

3 (1)에서 '먹었다'가 과거, (2)에서 '잔다'가 현재, (3)에서 '달릴 것이다'가 미래를 나타내는 말로 알맞습니다.

> 서술어에 따라 문장의 시간 표현이 어떻게 달라지는지 살펴봅니다. (1)에서 '먹겠다'는 미래, '먹는다'는 현재를, (2)에서 '잤다'는 과거, '자겠다'는 미래를, (3)에서 '달린다'는 현재, '달렸다'는 과거를 나타냅니다.

4 '갔었다'로 보아 과거를 나타내는 문장이므로 '엊그제'가 알맞습니다. 주어진 시간을 나타내는 말 중에서 '지금'은 현재, '모레'는 미래를 나타내는 문장에 알맞습니다.

> 문장을 쓸 때 시간을 나타내는 말을 함께 쓰면 말하는 내용이 언제 일어난 일인지 더욱 분명하게 표현할 수 있습니다.

적용   76~77쪽

1 ②, ⑤   **2** ②
3 ③   **4** 예 지금
5 (1) ㉤
   (2) 예 죽을 때까지 묘목을 심고 씨앗을 뿌렸다.
6 예 친구들과 놀이동산에 가서 놀이 기구를 탔다.
7 (1) 예 내년에
   (2) 예 우리 가족은 내년에 중국으로 여행을 갈 것이다.

1 주어진 문장에서는 부사어 '내일'과 서술어 '배우겠다'의 '-겠-'을 통해 미래에 해당함을 알 수 있습니다.
> **오답 풀이** ①은 주어, ③은 부사어, ④는 목적어에 해당하며, 시간 표현이 나타나지 않았습니다.

2 '깨끗하다'와 '그린다'는 현재, '올 것이다'와 '말겠다'는 미래, '재미있었다'와 '못했다'는 과거를 나타냅니다.

> ㉠의 '깨끗하다'와 같이 서술어가 형용사일 때 현재를 나타내려면 기본형을 그대로 사용합니다.

3 시간을 나타내는 말 '어제'와 동사 '했다'는 모두 과거를 나타내는 시간 표현이므로 빈칸에 들어가면 알맞은 문장이 됩니다.
> **오답 풀이** ① '오늘'은 현재, '하다'는 기본형입니다.
> ② '내일'은 미래, '했다'는 과거입니다.
> ④ '예전에'는 과거, '한다'는 현재입니다.
> ⑤ '지난주에'는 과거, '할 것이다'는 미래입니다.

> 시간을 나타내는 말을 쓸 때에는 서술어의 시간 표현과 어울리게 써야 합니다.

4 '지금', '오늘', '현재', '올해', '요즈음' 등과 같은 현재를 나타내는 말을 떠올려 보고, 문장에 어울리는 것을 씁니다.

5 ㉠~㉣은 과거이고, ㉤은 미래이므로 ㉤의 '뿌릴 것이다'를 과거를 나타내는 표현으로 바꿉니다.

과거를 나타내는 문장으로 바꾸어 쓰기 위해서는 문장의 서술어에 '-았-/-었-', '-았었-/-었었-', '-더-'를 붙여야 합니다.

6 채점 기준 과거를 나타내는 말이나 서술어를 알맞게 사용해 어제 있었던 일을 뜻이 통하도록 썼으면 정답으로 합니다.

7 채점 기준 (1)에 미래를 나타내는 부사어를 쓰고, (2)에 그 부사어를 넣은 문장이 미래를 나타내도록 썼으면 정답으로 합니다.

부사어에는 부사, 체언에 부사어를 만드는 조사가 붙은 말, 용언에 '-게', '-도록', '-아서/-어서', '-듯이', '-이' 등이 붙은 말이 있습니다.

2 높임 표현

기초	79쪽

1 (1) 엄마　(2) 아버지
2 (1) ㉲　(2) ㉮　(3) ㉯
3 (1) 크시다　(2) ⑩ 드신다(잡수신다)
4 주무세요, 주무십시오

1 (1)에서는 엄마를 높여야 하므로 '께서'와 '계신다'를 사용했습니다. (2)에서는 아버지를 높여야 하므로 '께'와 '드렸다'를 사용했습니다.

우리말은 다른 나라 말보다 높임 표현이 더 발달되어 있습니다. 높임 표현은 국어의 중요한 특징 중의 하나입니다.

2 (1)은 대화 상대인 어머니를 높이고 있으므로 상대 높임법이고, (2)는 주어인 아빠를 높이고 있으므로 주체 높임법입니다. (3)은 부사어가 지시하는 대상인 선생님을 높이고 있으므로 객체 높임법에 해당합니다.

높임 표현은 말하는 대상이나 대화하는 상대방이 누구인지에 따라 달라집니다.

3 (1)에서는 할머니의 키를 높여 할머니를 간접적으로 높여야 하므로 '크다'를 '크시다'로 고쳐 써야 합니다. (2)에서는 할아버지를 높여야 하므로 '먹는다'를 '드신다' 또는 '잡수신다'로 고쳐 써야 합니다. '진지'는 '밥'의 높임말입니다.

주어의 신체 일부분, 소유물, 생각 등과 같은 주어와 관련된 대상을 높여서 주어를 간접적으로 높이는 방법을 '간접 높임'이라고 합니다. 간접 높임의 예로는 '어머니께서는 옷이 많으시다.', '교장 선생님의 인사 말씀이 있으시겠습니다.' 등이 있습니다.

4 대화 상대가 할머니이고 '자다'의 높임말은 '주무시다'이므로 '주무세요' 또는 '주무십시오'가 알맞습니다.

적용	80~81쪽

1 ④　　　　　　　　**2** ③
3 ㉡, ㉣, ㉥
4 (1) ⑩ 나왔어요　(2) ⑩ 자고 있어요
5 ④
6 ⑩ "수민아, 선생님께서 너 교무실로 오라고 하셔."
7 ⑩ 엄마, 제가 좋아하는 가수의 공연을 보러 가고 싶어요. 직접 가서 얼굴도 보고 노래도 들으면 좋을 것 같아요.

1 ④는 주어인 아버지를 높이고 있으므로 주체 높임법에 해당합니다.

오답 풀이 ①·⑤ 부사어가 지시하는 대상을 높이고 있으므로 객체 높임법입니다.
②·③ 목적어가 지시하는 대상을 높이고 있으므로 객체 높임법입니다.

2 ①, ②, ④, ⑤의 빈칸에는 조사 '께'가, ③의 빈칸에는 조사 '를'이 들어가야 합니다.

①~⑤는 모두 객체 높임법이 사용된 문장입니다. ①, ②, ④, ⑤는 부사어가 지시하는 대상에 '께'를 붙여서 높임을 표현했습니다. ③은 목적어 '어머니를'을 높이기 위해 높임의 뜻을 가진 말인 '모시고'를 사용했습니다.

3 ㉡, ㉣은 주체 높임법, ㉥은 객체 높임법에 해당하며, 모두 알맞은 높임 표현이 쓰였습니다.

오답 풀이 ㉠ '왔어' 대신에 '왔어요(왔습니다)'를 써야 합니다.
㉢ '흔드셨다' 대신에 '흔들었다'를 써야 합니다.
㉤ '데리고' 대신에 '모시고'를 써야 합니다.

자신을 낮춤으로써 상대방을 높이는 표현도 있습니다. '나' 대신 '저', '우리' 대신 '저희'를 쓰는 것이 대표적입니다. 이때 '저희'는 자신을 포함한 다른 사람까지 낮추는 것이므로 주의해서 사용해야 합니다.

4 (1)에서 햄버거는 사물이므로 높이면 안 되고, (2)에서 동생은 높임의 대상이 아니므로 대화를 듣는 상대인 할머니만을 높여서 표현해야 합니다.

부모를 조부모께 말할 때에는 "할머니, 어머니가 진지 잡수시라고 하였습니다."처럼 부모에 대해서는 높이지 않는 것이 전통 언어 예절입니다. 그러나 오늘날 이러한 전통도 변하여 부모보다 윗분에게도 부모를 높이는 것이 일반화되어 가고 있으므로, "할머니, 어머니가 진지 잡수시라고 하셨습니다."와 같이 부모를 부모의 윗사람에게 높여 말할 수 있습니다.

5 ㉣은 주어인 '해설사 아저씨'를 높이기 위해 높임의 뜻을 가진 '말씀하셨다'를 사용했습니다.

오답 풀이 ① 주체 높임법이 나타난 문장입니다.
② '께서', '주셨다'와 같은 높임 표현이 나타나 있습니다.
③ 대화 상대인 아빠를 높이기 위해 서술어를 '-요'로 끝맺었습니다.
⑤ '부탁드렸다'를 '부탁하셨다'로 고치면 주어인 '나'를 높이게 되어 높임 표현이 알맞지 않은 문장이 됩니다.

6 채점 기준 '선생님께서 너 교무실로 오라고 하셨어.', '선생님께서 너 교무실로 오라셔.' 등과 같이 알맞은 높임 표현으로 썼으면 정답으로 합니다.

높임 표현을 할 때에는 높이는 대상을 잘 확인해야 합니다. "선생님께서 너 교무실로 오시라고 하셔."라고 표현하면 오는 대상인 수민이를 높이게 되므로 알맞지 않습니다.

7 채점 기준 알맞은 높임 표현을 사용해 부모님께 부탁하고 싶은 내용이 잘 드러나도록 이어지는 두 문장을 썼으면 정답으로 합니다.

3 종결 표현

기초 83쪽

1 (1) × (2) ○ (3) ○
2 (1) ㉰ (2) ㉯ (3) ㉮
3 (1) ㉢ (2) ㉡
4 봅시다.

1 평서문에는 마침표(.), 의문문에는 물음표(?)를 붙이므로 (1)은 알맞지 않습니다. 의문문은 듣는 이에게 대답을 요구하고, 명령문은 듣는 이에게 무엇을 시키거나 행동을 요구합니다.

문장이 끝났을 때 쓰는 문장 부호에는 마침표(.), 물음표(?), 느낌표(!)가 있습니다.

2 문장을 끝맺는 말을 살펴 문장의 종류를 구분해 봅니다. (1)은 '-자'가 쓰였으므로 청유문, (2)는 '-니'가 쓰였으므로 의문문, (3)은 '-다'가 쓰였으므로 평서문입니다.

3 (1)에서는 ⓒ이 '-어라'로 끝맺었으므로 명령문, (2)에서는 ⓛ이 '-구나'로 끝맺었으므로 감탄문에 해당합니다. 이처럼 문장의 종류는 문장을 끝맺는 말에 따라 달라집니다.

오답 풀이 (1) ㉠은 의문문, ⓛ은 청유문입니다.

(2) ㉠은 평서문입니다.

(1)에서 '문을 열까?'와 '밥을 먹자.'도 상황에 따라 각각 문을 열라는 명령과 밥을 먹으라는 명령의 의미를 담을 수 있습니다. 하지만 문장의 종류는 의미나 기능이 아니라 형식에 의해 결정되기 때문에 두 문장 모두 명령문은 아닙니다.

4 주어진 문장이 청유문이 되려면 문장을 '봅시다.'로 끝맺어야 합니다. 청유문의 문장을 끝맺는 말에는 '-자', '-세', '-ㅂ시다' 등이 있습니다.

오답 풀이 주어진 문장을 '볼까?'로 끝맺으면 의문문, '보아라.'로 끝맺으면 명령문이 됩니다.

명령문과 청유문의 서술어는 원칙적으로 동사만 올 수 있고 형용사는 올 수 없습니다. '우리 아름답자.'나 '너는 아름다워라.'와 같은 문장은 어색한 문장입니다.

적용   **84~85쪽**

1 ③

2 (1) 예 다   (2) 예 니   (3) 예 구나

3 ②   **4** .(마침표)

5 ③

6 예 너는 창문을 닦아 주겠니?

7 예 꽃이 참 예쁘네!

---

1 ③의 '~ 할게요.'와 같이 말하는 이가 듣는 이에게 자기의 의사를 드러내어 실현을 약속하는 문장도 평서문입니다.

오답 풀이 ① 의문문입니다.

② 감탄문입니다.

④ 청유문입니다.

⑤ 명령문입니다.

국어는 문장의 종류가 문장을 끝맺는 말에 의해 표현되기 때문에, 말을 끝까지 들어 보아야 전체 문장의 의미를 알 수 있습니다.

2 평서문, 의문문, 감탄문에 알맞은 문장을 끝맺는 말을 주어진 문장에 어울리도록 써 봅니다.

평서문은 '-다', '-네', '-ㅂ니다' 등, 의문문은 '-느냐/냐', '-니', '-ㅂ니까' 등, 감탄문은 '-구나', '-군', '-구려' 등으로 문장을 끝맺을 수 있습니다.

3 듣는 이에게 무엇을 시키거나 행동을 요구하는 문장은 명령문입니다. ①은 '-게', ③은 '-(어)라', ④와 ⑤는 '-(ㅂ)시오'로 끝맺었으므로 명령문이고, ②는 '-자'로 끝맺었으므로 청유문이라는 것을 알 수 있습니다.

명령문에는 말하는 이가 듣는 이를 보고 명령하는 직접 명령문과 말하는 상황에는 없는 누군가에게 명령하는 간접 명령문이 있습니다.

4 주어진 문장에서 문장을 끝맺는 말을 보면 '노래를 부른다'는 평서문, '영화 보러 가자'는 청유문, '책상 위를 치워라'는 명령문임을 알 수 있습니다. 평서문, 청유문, 명령문의 끝에는 모두 마침표(.)를 씁니다.

5 주어진 글은 의문문, 평서문, 감탄문, 청유문으로 이루어져 있습니다. 그러나 명령문은 나타나지 않았습니다.

오답 풀이 ① '소리꾼이 장단에 ~ 이루어져 있습니다.', '소리꾼이 노래로 ~ '아니리'라고 합니다.' 등

② '판소리에 대해 알고 있나요?'

④ '판소리를 볼 때엔 자신의 흥을 담은 추임새를 던져 봅시다.'

⑤ '"얼씨구, 잘한다!"'

 국어의 문장 종결 방식은 평서문, 의문문, 명령문, 청유문, 감탄문으로 나뉘며, 이에 따라 문장을 끝맺는 말이 다양하게 분화되어 있습니다.

6 채점 기준 의문문으로도 상대에게 무엇을 시키거나 행동을 요구하는 뜻을 나타낼 수 있습니다. 주어진 문장을 활용하여 창문을 닦으라는 의미를 담은 의문문을 썼으면 정답으로 합니다.

 상대방에게 어떤 행동을 요구하고 싶을 때 명령문 대신 의문문을 사용하면 더 완곡하게 표현할 수 있습니다.

7 채점 기준 주어진 문장은 감탄문입니다. 따라서 감탄문에 알맞은 문장을 끝맺는 말과 느낌표를 썼으면 정답으로 합니다.

4 부정 표현

기초	87쪽

1 (1) 짧은 (2) 말자 (3) 안

2 ㉢

3 (1) 마시지 않는다 (2) 지키지 못했다

4 (1) 마라 (2) 말자

1 '안'이나 '못'을 사용하면 짧은 부정문이 되고, 청유문에서 부정 표현은 '말다'를 사용해 '−지 말자'로 표현합니다. 주어의 의지에 의한 부정은 '안' 부정문입니다.

 부정 표현은 부정을 나타내는 말을 써서 문장 전체 또는 일부를 부정하는 표현을 말합니다.

2 주어진 문장 중 ㉢에서 '그만하자'는 '하던 일을 그만 멈추자.'라는 뜻이지만 부정 표현은 사용되지 않았습니다.

오답 풀이 ㉠ '못'을 사용한 부정문입니다.

㉡ 명령문으로, '−지 마'를 사용한 부정문입니다.

㉣ '−지 않다'를 사용한 부정문입니다.

3 '안' 부정문은 '−지 않다'를 사용하고, '못' 부정문은 '−지 못하다'를 사용하여 긴 부정문을 만들 수 있습니다.

 부정문은 의미에 따라 '안' 부정문과 '못' 부정문으로 나눌 수 있고, 길이에 따라 짧은 부정문과 긴 부정문으로 나눌 수 있습니다.

4 명령문과 청유문은 '안' 부정문이나 '못' 부정문으로 표현되지 않고, '말다'를 사용하여 표현됩니다. 명령문은 '−지 마/마라'로, 청유문은 '−지 말자'로 부정 표현을 합니다.

오답 풀이 (1) '말자'를 고르면 청유문이 됩니다.

(2) '마라'를 고르면 명령문이 됩니다.

적용	88~89쪽

1 ④   **2** (1) ㉡ (2) ㉠

3 ④

4 (1) 예 이제 더 이상 다투지 말아라.

   (2) 예 이번 토요일에는 만나지 말자.

5 ①, ③, ⑤

6 예 쓰레기를 아무 데나 버리지 마(마라 / 말아라).

7 예 옆 사람과 시끄럽게 이야기하면 안 됩니다.

1 ①, ②, ③, ⑤는 빈칸에 '안'이 들어가는 짧은 부정문이고, ④는 빈칸에 '않-'이 들어가는 긴 부정문입니다.

|오답 풀이| ① 문제가 너무 쉬워서 안 풀었다.
② 옷이 마음에 들지 않아서 안 샀다.
③ 배가 너무 불러서 더는 안 먹을게요.
⑤ 나는 그 책을 이미 읽어서 다시 안 읽었다.

짧은 부정문은 부정을 나타내는 부사 '안'이나 '못'을 사용한 부정문이고, 긴 부정문은 용언 '-지 않다'나 '-지 못하다'를 사용한 부정문입니다.

2 (1)은 날씨가 너무 춥다는 외부의 원인 때문에 밖에 나가지 못했다는 뜻이므로 ⓒ, (2)는 공부를 안 한 정아가 능력이 부족하여 시험을 못 봤다는 뜻이므로 ㉠에 해당합니다.

체언에 '이다'가 결합하는 경우에는 '안'이나 '못'을 사용한 부정 표현을 쓸 수 없으므로 '~이/가 아니다'를 사용해서 부정문을 만듭니다. 예를 들어 '나는 학생이다.'의 부정문은 '나는 학생이 아니다.'가 됩니다.

3 ④는 주어인 유하의 의지에 의한 부정이 표현된 '안' 부정문이며 부정 표현으로 '안'이 사용된 짧은 부정문입니다.

|오답 풀이| ① 형용사인 '깨끗하다'에 '못'을 사용해서 어색하므로 '안 깨끗하다.'로 고쳐야 합니다.
② 비가 오는 것은 능력과 관계없는 일이므로 '비가 오지 않았으면'으로 고쳐야 합니다.
③ 동사 '모르다'는 짧은 부정문으로 표현되면 어색하므로 '모르지 않습니다.'로 고쳐야 합니다.
⑤ 명령문의 부정 표현은 '-지 마/마라'를 사용하므로 '놀러 가지 말아라.'로 고쳐야 합니다.

①과 같이 형용사는 대체로 '못' 부정문으로 표현하면 어색한 문장이 됩니다. 형용사에 '못' 부정문이 쓰일 때에는 기대에 미치지 못함을 아쉬워하는 경우이며, 이때에는 긴 부정문으로만 표현합니다.

4 명령문과 청유문의 부정 표현은 '말다'를 사용해서 표현해야 합니다. (1)의 명령문은 '말다'를 사용해 '-지 마라(말아라)'로 고쳐 쓰고, (2)의 청유문은 '말다'를 사용해 '-지 말자'로 고쳐 씁니다.

명령문에서 '-아라'가 붙는 경우에 '말다'를 사용하면 '-지 마/마라' 또는 '-지 말아/말아라'로 쓸 수 있습니다.

5 ㉠은 '못'을 사용한 부정문으로, '못' 부정문은 주어의 능력 부족이나 다른 원인에 의한 부정을 표현할 때 쓰입니다. 주어의 의지에 의한 부정을 표현할 때에는 '안' 부정문이 쓰입니다.

|오답 풀이| ② 주어의 의지에 의한 부정은 '안' 부정문입니다.
④ ㉠은 주어의 능력이나 외부의 원인에 의한 부정이고, '안 내기도 합니다.'는 주어의 의지에 의한 부정이므로 의미가 다릅니다.

'안'과 '못'에 따라 부정의 의미가 달라지므로 상황에 맞게 알맞은 부정문을 써야 합니다.

6 채점 기준 명령문의 부정 표현은 '안'이나 '못'이 아닌 '말다'를 활용하여 표현해야 합니다. 따라서 쓰레기를 아무 데나 버리지 말라는 뜻을 담은 문장을 '-지 마/마라/말아라' 등과 같이 끝맺도록 썼으면 정답으로 합니다.

7 채점 기준 옆 사람과 떠들지 않기, 냄새가 나는 음식 먹지 않기, 영화가 완전히 끝나기 전에 자리에서 일어나지 않기 등과 같이 영화를 관람할 때에 해서는 안 되는 행동을 부정 표현을 사용한 문장으로 표현했으면 정답으로 합니다.

영화관에서 지켜야 할 일을 설명하는 문장의 부정 표현은 주어가 의지를 가지고 행동하지 않아야 할 일이므로 '못' 부정문이 아닌 '안' 부정문을 사용하면 좋습니다.

종합 5 문장의 표현

시간 표현

㉠에서 '지난 주말'과 '입었습니다'의 '–었–'이 과거임을 알려 주고, ㉡에서 '않겠습니다'의 '–겠–'이 미래임을 알려 줍니다.

1 다음 ㉠과 ㉡의 시간 표현이 과거, 현재, 미래 중 어느 것에 해당하는지 쓰시오.

> ㉠지난 주말 중국을 강타한 태풍의 영향으로 많은 사람이 피해를
>
과거
> 입었습니다. 그러나 ㉡한반도는 태풍의 영향권에 들지 않겠습니다.
>
미래

(1) ㉠: (과거   )   (2) ㉡: (미래   )

시간 표현

⑤에서 '어제'는 과거를, '붐빈다'는 현재를 나타내므로 어울리지 않습니다. '도서관은 지금 시험공부를 하는 학생들로 붐빈다.' 또는 '도서관은 어제 시험공부를 하는 학생들로 붐볐다.' 등이 바른 시간 표현입니다.

2 다음 중 시간 표현이 바르지 않은 문장은 무엇입니까? (⑤)

① 소영이는 지난겨울을 그리워했다. → 과거

② 한 시간 뒤면 제주도에 도착하리라. → 미래

③ 내년에는 동생이 학교에 입학할 것이다. → 미래

④ 그저께 태연이가 운동장에 혼자 있더라. → 과거

⑤ 도서관은 어제 시험공부를 하는 학생들로 붐빈다.

               과거   현재

높임 표현

②는 대화를 듣는 상대인 아버지를 높이기 위해 서술어를 '–요'로 끝맺었으므로 상대 높임법에 해당합니다.

오답 풀이

① 주체 높임법
③ 객체 높임법
④ 객체 높임법
⑤ 상대 높임법

3 다음 중 주어진 문장에 나타난 높임 표현의 종류를 바르게 파악한 것은 무엇입니까? (②)

① 어머니께서 저녁을 드신다. ⇨ 객체 높임법

② 아버지, 놀이터에서 놀다 올게요. ⇨ 상대 높임법

③ 할머니를 모시고 병원에 다녀왔다. ⇨ 상대 높임법

④ 선생님께 모르는 문제를 여쭈어 보았다. ⇨ 주체 높임법

⑤ 의견이 있으면 손을 들고 발표해 주십시오. ⇨ 주체 높임법

높임 표현

'우리' 대신 '저희'를 쓰거나 '–입니다' 또는 '–이에요'로 문장을 끝내서 알맞게 표현해 봅니다.

채점 기준

상대 높임법을 사용하여 가족 수를 설명하는 문장을 썼으면 정답으로 합니다.

4 다음과 같은 선생님의 질문을 받았을 때 대답할 말을 알맞은 높임 표현을 사용해 쓰시오.

너희 가족은 모두 몇 명이니?

예 저희 가족은 모두 세 명입니다.

5 문장의 종류를 바르게 바꾸어 쓰지 못한 것은 무엇입니까? (④)

① 서둘러 청소를 끝내자. ⇨ (명령문) 서둘러 청소를 끝내라.
　청유문
② 우리 함께 생각해 볼까? ⇨ (청유문) 우리 함께 생각해 보자.
　　　의문문
③ 너는 노래를 잘 부르는구나! ⇨ (의문문) 너는 노래를 잘 부르니?
　　감탄문
④ 엄마의 요리는 참 맛있다. ⇨ (감탄문) 엄마의 요리는 참 맛있느냐!
　　평서문
⑤ 건강을 위해 골고루 먹어라. ⇨ (평서문) 건강을 위해 골고루 먹는다.
　　　　명령문

● 종결 표현

평서문인 '엄마의 요리는 참 맛있다.'를 감탄문으로 바꾸면 '엄마의 요리는 참 맛있구나!'와 같이 쓸 수 있습니다.

오답 풀이

① 청유문 → 명령문
② 의문문 → 청유문
③ 감탄문 → 의문문
⑤ 명령문 → 평서문

6 다음 중 부사 '못'을 사용한 부정문으로 바꾸어 쓸 수 없는 것을 두 가지 고르시오. (①, ③)

① 날씨가 덥다. → 날씨가 못 덥다. (×)
② 우리는 집에 간다. → 우리는 집에 못 간다.
③ 이번 토요일에 만나자. → 이번 토요일에 못 만나자. (×)
④ 민정이가 숙제를 했구나! → 민정이가 숙제를 못 했구나!
⑤ 예지가 어젯밤에 노래를 불렀니? → 예지가 어젯밤에 노래를 못 불렀니?

● 부정 표현

①의 '덥다'는 형용사이므로 '못'을 사용한 부정 표현을 하면 어색한 문장이 됩니다. ③의 '만나자'는 청유문이므로 '만나지 말자'로 바꾸어 써야 합니다.

오답 풀이

② '우리는 집에 못 간다.' 가능
④ '민정이가 숙제를 못 했구나!' 가능
⑤ '예지가 어젯밤에 노래를 못 불렀니?' 가능

7 다음 ㉠과 ㉡에 대한 설명으로 알맞지 않은 것은 무엇입니까? (②)

플라스틱 빨대는 대부분 한 번 쓰고 버려진다. 이렇게 버려진 플라스틱 빨대는 자연 상태에서 분해되지 않고 바다로 흘러들어 가 해양을 오염시킨다. 그래서 ㉠나는 플라스틱 빨대를 사용하지 않는다. 빨대 없이 물이나 음료수를 마시고 종이 또는 옥수수 등 생분해성 소재의 빨대를 사용하려고 노력한다. 지구 환경을 보호하기 위해 ㉡플라스틱 빨대를 쓰지 않아야 한다.
　　플라스틱 빨대를 사용하지 않아야 하는 까닭
　　'안' 부정문 - 긴 부정문
　　글쓴이의 생각

① ㉠은 '사용하다'에 '-지 않다'를 붙여서 만든 부정문이다. -안 부정문
② ㉠은 '나는 플라스틱 빨대를 못 사용한다.'와 같은 뜻이다.
③ ㉠을 짧은 부정문으로 바꾸면 '나는 플라스틱 빨대를 안 사용한다.'이다.
④ ㉡을 명령문으로 바꾸면 '플라스틱 빨대를 쓰지 마라.'이다.
⑤ ㉡을 청유문으로 바꾸면 '플라스틱 빨대를 쓰지 말자.'이다.

* 글의 종류: 논설문
* 글의 특징: 플라스틱 빨대를 사용하지 말자는 의견을 내세우는 글입니다.

● 부정 표현

㉠과 같은 '안' 부정문은 주어의 의지에 의한 부정을 표현할 때 쓰는 것으로, '못' 부정문과 구분해서 써야 합니다.

6 음운과 음운 변동

1 음운과 음절 ~ 2 자음과 모음

기초   **97쪽**

---

1 (1) ×   (2) ×   (3) ○
2 (1) ㅗ, ㅏ, ㅣ, ㅓ   (2) ㅁ, ㅇ, ㄱ, ㄹ
3 (1) ㅆ, ㄸ   (2) ㅍ, ㅊ
4 (3) ○

---

1 '음절'은 한 번에 소리 낼 수 있는 말소리의 단위입니다. '음운'은 말의 뜻을 구별해 주는 가장 작은 소리의 단위입니다.

> **오답 풀이** (1) 소리의 길이나 높낮이도 음운에 해당합니다.
> (2) 음절은 '모음', '자음+모음', '모음+자음', '자음 + 모음+자음'의 구조를 가지므로 모음이 있어야만 음절을 이룰 수 있습니다.

2 (1)은 가운뎃소리인 모음자가 달라 서로 다른 뜻의 글자가 되었고, (2)는 끝소리인 자음자가 달라 서로 다른 뜻의 글자가 되었습니다.

3 'ㄷ', 'ㅂ', 'ㅅ'은 예사소리, 'ㅆ', 'ㄸ'은 된소리, 'ㅍ', 'ㅊ'은 거센소리입니다.

4 ㉮는 이중 모음, ㉯는 단모음입니다. 소리를 내는 동안 입술 모양이나 혀의 위치가 달라지는 모음은 이중 모음입니다.

적용   **98~99쪽**

---

1 (1) ① 5개   ② 2개   (2) ① 5개   ② 2개
2 ④   **3** 아, 이, 의, 어, 오, 우, 에
4 ②   **5** ③
6 ①, ③, ⑤
7 (1) 예 달   (2) 예 오늘은 달이 참 밝다.
8 (1) 예 키위
    (2) 예 내가 제일 좋아하는 과일은 키위이다.

---

1 음운은 자음과 모음의 개수를 세어 보고, 음절은 소리 나는 대로 적은 글자의 수를 세어 봅니다.

> **핵심톡!** 음절을 이루려면 항상 모음이 있어야 하는데, 모음은 한 글자에 한 번만 쓰이기 때문에 음절의 수는 모음의 개수와 일치합니다.

2 ④는 '모음+자음'의 구조이고, 나머지는 모두 '자음+모음+자음'의 구조입니다.

3 첫소리에 자음자가 오지 않고 받침이 없는 글자를 모두 찾아봅니다.

4 ②'마음'에서 'ㅁ'이 발음할 때 목청이 떨려 울리면서 소리 나는 울림소리입니다.

> **오답 풀이** ① 'ㄷ', 'ㅅ' 모두 예사소리
> ③ 'ㄲ'은 된소리, 'ㅂ'은 예사소리, 'ㅊ', 'ㅌ'은 거센소리
> ④ 'ㅈ', 'ㅅ' 모두 예사소리
> ⑤ 'ㅅ', 'ㄱ'은 예사소리, 'ㅌ'은 거센소리

> **핵심톡!** 발음할 때 목청이 떨려 울리면서 소리 나는 울림소리에는 모든 모음과 자음 'ㄴ', 'ㄹ', 'ㅁ', 'ㅇ'이 해당됩니다.

5 ③'학교'에 들어 있는 'ㅛ'가 이중 모음입니다. ①'참외'에 들어 있는 'ㅚ'와 ②'귀신'에 들어 있는 'ㅟ'는 단모음이지만 이중 모음으로 발음하는 것도 허용합니다.

6 'ㄱ'은 예사소리, 'ㅐ'는 단모음, 'ㅊ'는 거센소리, 'ㅚ'는 단모음입니다.

7 **채점 기준** (1)에는 '볼', '달', '돈' 등과 같이 '돌'과 첫소리, 가운뎃소리, 끝소리 중에서 음운이 하나만 다른 단어를 쓰고, (2)에는 (1)에서 쓴 단어를 넣어 뜻이 통하는 문장을 썼으면 정답으로 합니다.

8 **채점 기준** (1)에는 단모음만 들어 있는 단어를 쓰고, (2)에는 (1)에서 쓴 단어를 넣어 뜻이 통하는 문장을 썼으면 정답으로 합니다.

3 음절의 끝소리 규칙 ~ 4 자음 동화

1 (1) ㉰   (2) ㉯   (3) ㉮
2 섬, 땅, 국
3 (1) ×   (2) ×   (3) ○   (4) ○
4 (1) 암날   (2) 섬니   (3) 강능   (4) 질리

1 (1)의 끝소리 'ㅂ'과 'ㅍ'의 대표음은 [ㅂ], (2)의 끝소리 'ㅊ'과 'ㅌ'의 대표음은 [ㄷ], (3)의 끝소리 'ㄲ'과 'ㅋ'의 대표음은 [ㄱ]입니다.

2 '섬'은 [섬], '꽃'은 [꼳], '앞'은 [압], '옷'은 [옫], '땅'은 [땅], '볕'은 [볃], '국'은 [국]으로 소리 납니다.

음절의 끝소리로 발음되는 자음은 'ㄱ, ㄴ, ㄷ, ㄹ, ㅁ, ㅂ, ㅇ'으로 모두 7개입니다.

3 '남루'에서 'ㅁ'과 'ㄹ'이 만나 'ㄹ'이 [ㄴ]으로 발음되고, '설날'에서 'ㄹ'과 'ㄴ'이 만나 'ㄴ'이 [ㄹ]로 발음됩니다.

오답 풀이 (1)의 '닫는'은 [단는], (2)의 '백로'는 [뱅노]가 바른 발음입니다.

4 (1)의 '앞날'은 음절의 끝소리 규칙의 영향을 먼저 받아 [압날]로, 자음 동화의 영향으로 [암날]로 소리 납니다. (2)의 '섭리'는 [섬니], (3)의 '강릉'은 [강능], (4)의 '진리'는 [질리]로 소리 납니다.

1 (1) 한낟   (2) 바깓   (3) 풀숩   (4) 밥따
2 ③   **3** (1) 부억   (2) 밥꼬
4 ②, ⑤
5 (1) 담녁   (2) 알른   (3) 금뉴   (4) 종노
6 ㉢
7 (1) 예 감상   (2) 예 내 취미는 영화 감상이다.
8 (1) 예 난로
     (2) 예 난로를 켜 두어서 방 안이 따뜻하다.

1 'ㅈ'과 'ㅌ'의 대표음은 [ㄷ], 'ㅍ'의 대표음은 [ㅂ]입니다. '밟다'의 'ㄼ'은 둘째 자음을 발음합니다.

2 ③'맑지'는 [막찌]로 발음해야 합니다. 받침 'ㄺ'은 상황에 따라 앞에 있는 자음이 소리 나기도 하고, 뒤에 있는 자음이 소리 나기도 합니다.

3 ㉠'부엌'에서 끝소리 'ㅋ'이 대표음 [ㄱ]으로 소리 나고, ㉡'밟고'에서 'ㄼ'은 뒤에 있는 자음인 'ㅂ'으로 소리 납니다.

'ㄼ'은 상황에 따라 앞에 있는 자음이 소리 나기도 하고, 뒤에 있는 자음이 소리 나기도 합니다.
예 짧다[짤따], 떫다[떨따], 밟다[밥따] 등

4 ②는 'ㄱ'이 'ㅁ'을 만나 'ㄱ'이 [ㅇ]으로 소리 나는 것이고, ⑤는 'ㅂ'과 'ㄴ'이 만나 'ㅂ'이 [ㅁ]으로 소리 나는 것입니다.

오답 풀이 ① 'ㄱ'과 'ㄹ'이 만나 각각 [ㅇ], [ㄴ]으로 소리 나는 것입니다.
③ 'ㄴ'과 'ㄹ'이 만나 'ㄴ'이 [ㄹ]로 소리 나는 것입니다.
④ 'ㅇ'과 'ㄹ'이 만나 'ㄹ'이 [ㄴ]으로 소리 나는 것입니다.

5 자음 동화의 규칙에 맞게 단어를 바른 발음으로 읽어 봅니다. 'ㅀ', 'ㄾ'처럼 'ㄹ'이 들어간 겹받침 뒤에 'ㄴ'이 와도 자음 동화 현상에 의해 'ㄴ'이 [ㄹ]로 소리 납니다.

6 'ㅇ'이 'ㄹ'과 만나면 'ㄹ'이 [ㄴ]으로 소리 나기 때문에 ㉢'장려'는 [장녀]로 읽어야 합니다.

오답 풀이 ㉠감소는 [감소]로 표기와 발음이 똑같고, ㉡양식업은 [양시겁]으로 소리 나며, ㉣어획은 [어획] 또는 [어훽]으로 소리 나고, ㉤정체도 [정체]로 소리 나 표기와 발음이 똑같습니다.

7 채점 기준 (1)에는 '감자', '운동장' 등과 같이 표기와 발음이 같은 단어를 쓰고, (2)에는 (1)에서 쓴 단어를 넣어 뜻이 통하는 문장을 썼으면 정답으로 합니다.

8 채점 기준 (1)에는 자음 동화의 예에 해당하는 단어를 쓰고, (2)에는 (1)에서 쓴 단어를 넣어 뜻이 통하는 문장을 썼으면 정답으로 합니다.

5 모음 동화 ~ 6 구개음화

기초	105쪽

1 (1) ㉮　(2) ㉯
2 ㉠, ㉡, ㉣
3 (2) ○
4 (1) ✕　(2) ○　(3) ○　(4) ✕

1 모음 조화 현상에 따라 'ㅏ'는 양성모음으로 양성
모음인 'ㅗ, ㅐ'와 어울리려고 하고, 'ㅓ'는 음성모
음으로 음성모음인 'ㅜ, ㅡ'와 어울리려고 합니다.

2 ㉠졸졸, ㉡적어, ㉣살랑살랑 모두 양성모음은 양
성모음끼리, 음성모음은 음성모음끼리 어울린 모
음 조화의 예에 해당합니다.
　오답 풀이 ㉢'차가워'는 '차갑-+-어'가 결합된 것으로, 'ㅏ'
와 'ㅓ'가 만났고, ㉤'깡충깡충'은 'ㅏ'와 'ㅜ', ㉥'보슬보슬'은
'ㅗ'와 'ㅡ'가 만났습니다. 이것은 모두 모음 조화가 사라지고
있는 예에 해당합니다.

3 구개음화는 음절의 끝소리 'ㄷ, ㅌ'이 모음 'ㅣ'를
만나 구개음 [ㅈ, ㅊ]으로 소리 나는 현상입니다.
　오답 풀이 구개음화된 단어는 표준 발음으로 인정하지만, 소
리 나는 대로 적으면 안 되고 원래 표기대로 적어야 합니다.

4 (1)'같이'는 [가치], (4)'닫히다'는 [다치다]가 바른
발음입니다.

적용	106~107쪽

1 (1) ㉮　(2) ㉯
2 ④　　　　　　　　**3** ⑤
4 (1) 마지　(2) 샅싸치
5 (1) 가을거지　(2) 새벽가치
6 2개
7 (1) ⑩ 아장아장　(2) ⑩ 아기가 아장아장 걷는다.
8 (1) ⑩ 묻히다
　　(2) ⑩ 아이스크림을 얼굴에 잔뜩 묻히고 먹었다.

1 'ㅏ', 'ㅐ', 'ㅗ'는 양성모음이고, 'ㅜ', 'ㅓ'는 음성모
음입니다.

2 ④'울-+-어'는 음성모음 'ㅜ'와 'ㅓ'가 만난 것입
니다. 모음 조화 규칙에 따라 ①'보아', ②'깎아',
③'먹어', ⑤'물어'가 알맞습니다.

3 ① ~ ④는 모두 구개음화 현상이 일어나는 단어입
니다. ⑤'굵기다'는 음절의 끝소리 규칙에 따라 겹
받침 'ㄺ'이 [ㅁ]으로 소리 나는 것입니다.

4 '맏이'의 'ㄷ'이 뒤의 'ㅣ' 모음을 만나 [마지]로 소
리 나고, '샅샅이'는 [샅싸티]가 [샅싸치]로 바뀌어
소리 납니다.

5 구개음화의 규칙에 맞게 단어를 바른 발음으로 읽
어 봅니다.

> 구개음화는 모음 'ㅣ'가 발음되는 위
> 치가 자음 'ㄷ, ㅌ' 보다 'ㅈ, ㅊ'이 발음
> 되는 위치와 더 가깝기 때문에 쉽게
> 발음하기 위해서 일어나는 현상입니
> 다.

6 '미닫이'와 '여닫이'는 구개음화가 일어나는 단어
로, 각각 [미다지]와 [여다지]로 소리 납니다. 구
개음화는 한 형태소 안에서는 일어나지 않는다는
점을 주의해야 합니다.

7 【채점 기준】 (1)에는 양성모음끼리 혹은 음성모음끼
리 이루어진 단어를 쓰고, (2)에는 (1)에서 쓴 단어
를 넣어 뜻이 통하는 문장을 썼으면 정답으로 합
니다.

> 모음 조화는 서술어에서 어간과 어
> 미가 결합할 때나 의성어, 의태어 등
> 에서 많이 나타납니다.
> • 모음 조화의 예에 해당하는 의성
> 　어나 의태어
> ⑩ 달달, 들들, 반짝반짝, 번쩍번
> 　쩍, 어둑어둑, 펄럭펄럭 등

8 【채점 기준】 (1)에는 구개음화 현상이 일어나는 단어
를 쓰고, (2)에는 (1)에서 쓴 단어를 넣어 뜻이 통하
는 문장을 썼으면 정답으로 합니다.

7 음운의 축약과 탈락 ~ 8 사잇소리

기초   109쪽

1 (1) ④   (2) ㉮   (3) ㉰   (4) ㉱
2 봄비, 솜이불, 노랫말
3 (1) 인몸   (2) 논뚝

1 (1)'됐다'는 '되었다'에서 'ㅚ'와 'ㅓ'가 만나 이중 모음 'ㅙ'로 축약된 것이고, (2)'놓고[노코]'는 'ㅎ'과 'ㄱ'이 만나 자음이 축약된 것입니다. (3)'넣어[너어]'는 'ㅎ'이 탈락한 것이고, (4)'가서'는 '가 - + - 아서'에서 동음인 'ㅏ'가 탈락한 것입니다.

'음운의 축약 현상'은 두 음운이 하나의 음운으로 줄어 소리 나는 것이고, '음운의 탈락 현상'은 두 음운이 만나서 한 음운이 사라져 소리 나지 않는 현상입니다.

2 '봄비'는 [봄삐], '솜이불'은 [솜니불]로 발음하고, '노랫말'은 '노래+말'과 같이 단어가 결합할 때 'ㅅ'을 적었으므로 사잇소리 현상에 해당합니다. '따님'은 자음 탈락 현상에 해당하고, '입학'은 [이팍]으로 소리 나 자음 축약에 해당합니다.

3 (1)의 '이+몸'은 사이시옷을 적어 '잇몸'이 [인몸]으로 소리 나고, (2)의 '논둑'은 앞말의 끝소리가 울림소리인 'ㄴ'이므로 뒷말의 첫소리가 된소리로 변해 [논뚝]으로 소리 납니다.

적용   110~111쪽

1 (1) 봐   (2) 띄어   (3) 맞춰
2 ④   **3** ④
4 ②   **5** ⑤
6 콩잎, 콩닙
7 (1) 예 쏘여   (2) 예 벌레에 쏘여 무척 가렵다.
8 예 날이 더워서 찬물을 먹는 횟수가 많아졌다.

1 'ㅗ + ㅏ'는 'ㅘ'로 축약되어 '봐'가 되고, 'ㅡ + ㅣ'는 'ㅢ'로 축약되어 '띄어', 'ㅜ + ㅓ'는 'ㅝ'로 축약되어 '맞춰'가 됩니다.

2 ④'섰다'는 '서 - + -었다 → 섰다'로 동음인 'ㅓ'가 탈락한 것입니다.

오답 풀이 ① '끄 - + - 어' → '꺼': 'ㅡ' 탈락
② '긋 - + - 어' → '그어': 'ㅅ' 탈락
③ '말 + 소' → '마소': 'ㄹ' 탈락
⑤ '쌀 - + - 으니' → 쌀으니[싸으니]: 'ㅎ' 탈락

3 ㉠'입력하는[임녀카는]'은 'ㄱ+ㅎ→ㅋ'의 자음 축약 현상이 일어난 것입니다. ④'지어'는 'ㅅ'이 탈락된 자음 탈락의 예에 해당합니다.

오답 풀이 ① 좋고[조코]: 'ㅎ + ㄱ → ㅋ'
② 싫다[실타]: 'ㅎ + ㄷ → ㅌ'
③ 법학[버팍]: 'ㅂ + ㅎ → ㅍ'
⑤ 맞히다[마치다]: 'ㅈ + ㅎ → ㅊ'

4 ①촛불, ③깻잎, ④빨랫줄, ⑤등굣길로 사이시옷을 적어야 합니다. ②콩엿[콩녇]은 사잇소리 현상에만 해당합니다.

사이시옷은 합성어에서 앞말이 모음으로 끝나는 경우에 그 모음의 받침에 'ㅅ'을 적는 것입니다.
• 사이시옷을 적는 합성어
예 번갯불, 촛불, 잇몸, 콧날 등

5 ①~⑤ 모두 'ㄴ' 소리가 덧나는 사잇소리 현상에 해당합니다. ⑤'나뭇잎'은 [나문닙]이 바른 발음입니다.

6 사잇소리 현상이 일어나는 조건을 떠올리며 글을 읽어 봅니다. '콩잎'은 뒷말이 'ㅣ' 모음이기 때문에 'ㄴ' 소리가 첨가되어 [콩닙]으로 소리 납니다. 이때 음절의 끝소리 규칙에 따라 'ㅍ'은 [ㅂ]으로 소리 나는 것입니다.

7 채점 기준 (1)에는 '쏘여'를 쓰고, (2)에는 '쏘여'를 넣어 뜻이 통하는 문장을 썼으면 정답으로 합니다.

8 채점 기준 '횟수'를 넣어 뜻이 통하는 문장을 썼으면 정답으로 합니다.

6 음운과 음운 변동

112~113쪽 종합

* 글의 종류: 설명문
* 글의 특징: 환경 운동의 한 종류인 '플로깅'과 '비치코밍'에 대해 설명하는 글입니다.

음운과 음절 / 자음과 모음

단어를 말의 뜻을 구별해 주는 가장 작은 소리의 단위인 음운으로 나누어 보고, 각 음절을 이루는 자음과 모음을 성질에 따라 분류해 봅니다.

오답 풀이

① 'ㅆ'이 된소리
② 'ㅘ'와 'ㅕ'가 이중 모음
④ ㉠, ㉡, ㉢, ㉤ 모두 음운의 수는 6개
⑤ 'ㄹ', 'ㅁ', 'ㄴ'이 울림소리

음절의 끝소리 규칙

받침소리의 대표음을 떠올려 단어를 바른 발음으로 읽어 봅니다.

오답 풀이

① 잎[입]   ③ 밖[박]
④ 히읗[히은]   ⑤ 읽고[일꼬]

자음 동화

두 자음이 만나 한쪽이나 양쪽 모두 비슷하거나 같은 소리로 바뀌는 말을 찾아보고, 바른 발음으로 읽어 봅니다.

오답 풀이

국화는 [구콰]로 소리 나므로 자음 축약에 해당하고, '동네'의 발음은 [동네]로 글자와 소리가 같습니다.

---

1 다음 ㉠~㉤에 대한 설명으로 알맞지 않은 것은 무엇입니까? (③)

> 스웨덴에서 처음 시작된 플로깅(plogging)은 달리면서 ㉠쓰레기를 줍는 ㉡환경 운동이다. 플로깅은 '줍다'는 뜻의 스웨덴어 'plocka upp'과 '달리기(jogging)'를 ㉢합친 말이다. 운동을 하며 환경을 가꾼다는 ㉣일석이조의 효과 때문에 세계인들의 호응을 얻고 있다. 바닷가로 밀려온 쓰레기를 줍는 '비치코밍(beachcombing)'도 있다. 비치코밍은 '바다(beach)'를 '빗질(combing)'한다는 뜻으로, 바다 위를 떠돌다가 해변으로 쓸려온 ㉤물건들을 줍는 것을 말한다.

㉠ ㅆ, ㅡ, ㄹ, ㅔ, ㄱ, ㅣ
㉡ ㅎ, ㅘ, ㄴ, ㄱ, ㅕ, ㅇ
㉢ ㅎ, ㅏ, ㅂ, ㅊ, ㅣ, ㄴ
㉣ ㅣ, ㄹ, ㅅ, ㅓ, ㄱ, ㅣ, ㅈ, ㅗ → 8개
㉤ ㅁ, ㅜ, ㄹ, ㄱ, ㅓ, ㄴ

① ㉠에 쓰인 자음 중에는 된소리가 있다. 된소리: ㄲ, ㄸ, ㅃ, ㅆ, ㅉ → ㅆ
② ㉡에 쓰인 모음은 모두 이중 모음이다. 이중 모음: ㅑ, ㅒ, ㅕ, ㅖ, ㅘ, ㅙ, ㅛ, ㅝ, ㅞ, ㅠ, ㅢ → ㅘ, ㅕ
③ ㉢에 쓰인 자음 중 거센소리는 2개이다. 거센소리: ㅋ, ㅌ, ㅍ, ㅊ → ㅊ
④ ㉠, ㉡, ㉢, ㉤의 음운의 수는 모두 같다. → 6개
⑤ ㉣과 ㉤에 쓰인 자음 중에는 울림소리가 있다. 울림소리: ㄴ, ㄹ, ㅁ, ㅇ → ㄹ, ㅁ, ㄴ

2 다음 중 음절의 끝소리 규칙에 알맞게 발음한 것은 무엇입니까? (②)

① 잎[잎] ㅂ, ㅍ → [ㅂ]   ② 몫[목]
③ 밖[밗] ㄱ, ㄲ, ㅋ → [ㄱ]   ④ 히읗[히읏] ㄷ, ㅌ, ㅅ, ㅆ, ㅈ, ㅊ, ㅎ → [ㄷ]
⑤ 읽고[익꼬] 읽대[익따] / 읽고[일꼬] – 'ㄹ'이 'ㄱ' 앞에서 [ㄹ]로 발음됨.

> * ㄱ, ㄷ, ㅂ + ㄴ, ㅁ → [ㅇ, ㄴ, ㅁ]
> * ㄱ, ㄷ, ㅂ + ㄹ → [ㅇ, ㄴ, ㅁ] + [ㄴ]
> * ㅁ, ㅇ + ㄹ → [ㅁ, ㅇ] + [ㄴ]
> * ㄹ + ㄴ → [ㄹ] + [ㄹ] / ㄴ + ㄹ → [ㄹ] + [ㄹ]

3 다음 보기에서 자음 동화의 예에 해당하는 단어를 두 가지 찾고, 그 단어의 바른 발음을 쓰시오.

보기

칼날	국화	동네	흙냄새

(1) (칼날   ) [칼랄   ]
(2) (흙냄새   ) [흥냄새   ]

4 다음 ㉠과 같은 음운 현상이 일어나는 단어를 한 가지 떠올려 쓰고, 그 단어를 넣어 문장을 쓰시오.

● 모음 동화

모음 조화 현상이 일어나는 단어를 떠올려 문장을 씁니다.

> "어여 가서 고기 좀 사 오너라."
> 찬호는 고기를 먹을 생각에 들떠 ㉠졸랑졸랑 문밖을 나섰다.
>   모음 조화
>   ㅗ, ㅏ, ㅗ, ㅏ(모음 조화) 예 깎아, 비어, 살랑살랑

채점 기준

(1)에는 모음 조화 현상이 일어나는 단어를 쓰고, (2)에는 (1)에서 쓴 단어를 넣어 뜻이 통하는 문장을 썼으면 정답으로 합니다.

단어	문장
(1) 예 들들	(2) 예 참기름에 나물을 들들 볶았다.

5 다음 중 구개음화가 일어나는 단어와 그 발음이 알맞은 것은 무엇입니까?

끝소리가 'ㄷ, ㅌ'인 형태소가 모음 'ㅣ'를 만나 구개음 [ㅈ, ㅊ]으로 소리 나는 현상

(⑤)

① 높이[노피]   ② 굳이[구지]   ③ 앞잡이[압자비]

④ 붙이다[부티다]   ⑤ 곧이듣다[고지듣따]

● 구개음화

구개음화가 일어나는 단어와 그 단어를 바르게 발음한 것을 찾아봅니다.

오답 풀이

① · ③ 구개음화가 일어나지 않음.
② 굳이[구지]
④ 붙이다[부치다]

6 음운의 축약과 탈락 현상을 떠올리며 빈칸에 들어갈 알맞은 말을 쓰시오.

(1) 활 + 살 ⇨ (화살) → 자음 탈락

(2) 물리- + -어 ⇨ (물려) → 모음 축약

(3) 서- + -었- + -다 ⇨ (섰다) → 모음 탈락

● 음운의 축약과 탈락

두 음운이 만나 결합할 때 자음과 모음이 어떻게 축약 또는 탈락하는지 알맞게 써 봅니다.

● 사잇소리

사잇소리 현상이 일어나는 조건을 생각하며 단어를 바른 발음으로 읽어 봅니다.

합성어를 이루는 앞말의 끝소리가 울림소리이고, 뒷말의 첫소리가 안울림 예사소리일 때, 뒷말의 첫소리가 된소리로 발음되는 현상

7 다음 중 사잇소리 현상이 일어나는 단어가 아닌 것은 무엇입니까? (③)

① 밤길[밤낄]   ② 등불[등뿔]   ③ 국밥[국빱]

④ 눈사람[눈싸람]   ⑤ 눈도장[눈또장]

오답 풀이

③ '국밥'은 앞말의 끝소리 'ㄱ'이 안울림소리이므로 사잇소리 현상이 일어나는 조건에 해당하지 않습니다.

116~117쪽 평가 **문법 마무리**

단어의 분류

우리말을 이루는 단어는 고유어, 한자어, 외래어로 나눌 수 있습니다.
* 고유어, 한자어, 외래어, 외국어
- 고유어: 예 하늘, 구름 등
- 한자어: 예 관심(關心), 준비(準備) 등
- 외래어: 예 커피, 슈퍼마켓 등
- 외국어: 예 워터(water), 파크(park) 등

---

1 다음 ㉠~㉤에 대한 설명으로 알맞지 않은 것은 무엇입니까? (⑤)

> 최근 ㉠푸드 ㉡프로그램이 시청자들의 관심을 끌기 시작하면서 음
> food(외국어) 외래어
> 식점을 ㉢여는 ㉣사람들이 늘고 있다. 그러나 충분한 준비 ㉤과정을
> 개업(開業)하는 고유어   過程(한자어)
> 거치지 않아 폐업하는 음식점도 많기 때문에 신중한 접근이 필요하다.
> 閉業(한자어)

① ㉠은 '음식'이라는 우리말로 바꾸어 쓸 수 있다.

② ㉢을 한자어를 넣어 바꾸면 '개업(開業)하는'이다.

③ ㉠은 국어사전에 실려 있지 않고, ㉡은 실려 있다.

⑤ ㉠은 외국어, ㉡은 외래어, ㉢과 ㉣은 고유어, ㉤은 한자어이다.
   예 파크(park) 예 슈퍼마켓 예 하늘 예 관심(關心)

④ ㉤은 우리말에 없는 개념을 표현하기 위해 외국에서 들어온 말이다.
   한자어   외래어

단어의 분류

단어를 단일어와 복합어로 나누어 보고, 복합어는 다시 합성어와 파생어로 나누어 봅니다.

오답 풀이

① 쇠못(합성어) / 길다(단일어) / 휘감다(파생어)

② 강산, 손전등(합성어) / 설익다(파생어)

③ 어머니, 예쁘다(단일어) / 날고기(파생어)

④ 포도(단일어) / 겁쟁이, 새까맣다(파생어)

---

2 다음 중 단어의 형성 방법이 같은 것끼리 묶은 것은 무엇입니까? (⑤)

① 쇠못, 길다, 휘감다 ② 강산, 손전등, 설익다

③ 어머니, 날고기, 예쁘다 ④ 포도, 겁쟁이, 새까맣다

⑤ 덧신, 지우개, 잠꾸러기 모두 파생어

단어의 의미 관계

유의 관계, 반의 관계, 상하 관계를 바르게 파악한 것을 찾아봅니다.

오답 풀이

㉠ '서다'의 반의어는 '움직이다'
㉡ '곡물'은 상의어, '벼'는 하의어

---

3 다음 보기 에서 단어의 의미 관계를 바르게 말한 것을 모두 찾아 기호를 쓰시오.

보기

> ㉠ '자동차가 서다.'에서 '서다'의 반의어는 '앉다'이다.
> 어떤 곳에서 다른 곳으로 가던 대상이 어느 한 곳에 멈추다.
> ㉡ '벼'와 '곡물' 중 '벼'는 상의어, '곡물'은 하의어이다.
> ㉢ '계란'과 '달걀'은 각각 한자어와 고유어로 유의어이다.
> (鷄卵)   아침에 끼니로 먹는 음식.
> ㉣ '아침이 되다.', '아침을 먹다.'에서 '아침'은 다의어이다.
> 날이 새면서 오전 반나절쯤까지의 동안.
> ㉤ '전기가 끊겼다.', '전기를 읽다.'에서 '전기'는 동음이의어이다.
> 에너지의 한 형태.   한 사람의 일생 동안의 행적을 적은 기록.

(㉢, ㉣, ㉤)

---

4 다음 뜻을 가진 동음이의어를 각각 넣어 문장을 쓰시오.

└→ 예 다리가 굵다. / 다리를 다치다.

다리

(1) 예 뱀은 다리가 없지만 빨리 움직일 수 있다.

다리

(2) 예 할머니 댁에 가려면 다리를 건너야 한다.

└→ 예 다리를 건너다. / 다리를 세우다.

● 단어의 의미 관계

(1)의 '다리'는 '사람이나 동물의 몸통 아래 붙어 있는 신체의 부분.'을, (2)의 '다리'는 '물을 건너거나 또는 한 편의 높은 곳에서 다른 편의 높은 곳으로 건너다닐 수 있도록 만든 시설물.'을 의미합니다.

채점 기준

각 단어의 뜻을 정확하게 살려 문장을 썼으면 정답으로 합니다.

5 다음 중 밑줄 친 단어의 품사를 바르게 파악한 것은 무엇입니까? (③)

① 그는 그 일을 잘 해냈다.
(관형사)   (대명사)

② 한 사람당 하나씩만 가져가세요.
(수사) (관형사)

③ 아주 작은 아이가 걸어오고 있었다.
(부사)   (명사)

④ 나는 결코 음식에 나쁜 것을 넣지 않았다.
(부사)   (형용사)

⑤ 윤아야! 너를 다시 만나게 돼서 정말 기뻐.
(대명사)   (감탄사)

● 품사

명사, 대명사, 수사는 문장에서 주체의 역할을 하는 체언이고, 동사, 형용사는 용언입니다. 관형사, 부사는 다른 단어나 문장을 꾸며 주는 수식언이며, 독립언에는 감탄사가 있습니다.

오답 풀이

① '그'는 대명사, '잘'은 부사
② '사람'은 명사, '하나'는 수사
④ '결코'는 부사, '것'은 의존 명사
⑤ '너'는 대명사, '정말'은 부사

6 다음 밑줄 친 단어 중 동사와 형용사를 각각 찾아 쓰고, 그 단어의 기본형으로 바꾸어 쓰시오.

* 글의 종류: 일기
* 글의 특징: 이순신 장군이 쓴 『난중일기』의 일부분으로, 나라를 걱정하는 마음이 잘 나타나 있습니다.

1월 1일, 맑음 → 일기라는 것을 알 수 있는 부분

촛불을 밝히고 혼자 앉아 있으려니 나랏일 걱정에
                    부사   명사
나도 모르게 눈물이 흘렀다. 병드신 팔순의 어머니도
                    동사
걱정스러워 뜬눈으로 밤을 새웠다. 새벽에는 여러 장
형용사   나라와 어머니를 걱정하는 마음   관형사
수와 병졸들이 와서 새해 인사를 했다. 군사들에게 술
을 주어 마시도록 했다.

품사

문장에서 주어의 움직임이나 상태를 서술하는 용언을 찾아 동사와 형용사로 구분하고, 기본형으로 바꾸어 써 봅니다.

(1) 동사: (흘렀다   ) ⇨ (흐르다   )
(2) 형용사: (걱정스러워) ⇨ (걱정스럽다)

평가 **문법 마무리**

문장 성분

주성분은 주어, 서술어, 목적어, 보어이고, 부속 성분은 관형어, 부사어이며, 독립 성분은 독립어입니다.

7 다음 ㉠~㉾의 문장 성분을 바르게 구분한 것은 무엇입니까? (④)

> ㉠진수는 말없이 ㉡자리에 앉아 있었다. 차가운 ㉢물을 ㉣한 모금
> 　주어　　부사어　　부사어　　　　　　서술어　　　　관형어　　목적어　　관형어
> 마시고는 천천히 말을 ㉤시작했다.
> 　　　　부사어　　　　서술어
> "㉥아, 네가 어제 했던 말은 ㉦사실이 아니구나."
> 　　독립어　　　　　　　　　　　　보어　　서술어

	주성분 ㉠,㉢,㉤,㉦	부속 성분 ㉡,㉣	독립 성분 ㉥
①	㉠, ㉡, ㉤	㉢, ㉣	㉥, ㉦
②	㉠, ㉢, ㉤	㉣, ㉦	㉡, ㉥
③	㉠, ㉢, ㉦	㉡, ㉣	㉤, ㉥
④	㉠, ㉢, ㉤, ㉦	㉡, ㉣	㉥
⑤	㉠, ㉢, ㉤, ㉦	㉣, ㉥	㉡

문장 성분

각 부분에 알맞은 주어, 관형어, 목적어, 서술어를 떠올려 문장을 씁니다.

채점 기준

주어진 문장 성분의 순서대로 뜻이 자연스러운 문장을 썼으면 정답으로 합니다.

8 다음과 같은 문장 성분의 순서대로 이루어진 문장을 쓰시오.

> 주어 + 관형어 + 목적어 + 서술어

⑩ 동생은 새 신발을 잃어버렸다. / 나는 예쁜 짝꿍을 좋아한다. / 나는 오늘 귀여운 강아지를 보았다.
⑩ 나는 예쁜 수첩을 샀다.

문장의 표현

높임의 대상인 할아버지를 어떤 높임 표현을 사용해 높여야 할지 생각해 봅니다.

오답 풀이

① 께서는
② 어두우시기
④ 먹고
⑤ 있어요

9 다음 ㉠~㉤에 들어갈 말로 가장 알맞은 것은 무엇입니까? (③)

> 할아버지 [㉠] 귀가 [㉡] 때문에 크게 [㉢].
> "할아버지, 동생은 지금 저녁을 [㉣] [㉤]."

① ㉠: ~~께서~~
② ㉡: ~~어둡기~~
　　　할아버지의 신체를 높여 '어두우시기'로 표현해야 함.
③ ㉢: 말씀드렸다
④ ㉣: ~~드시고~~
⑤ ㉤: ~~계세요~~
　　└─ 동생은 높이지 않음. ─┘

---

10 다음 ㉠~㉣에 대한 설명으로 알맞지 <u>않은</u> 것은 무엇입니까? (④)

● 문장의 표현

시간 표현, 높임 표현, 종결 표현, 부정 표현의 특징을 생각하며 문장을 분석해 봅니다.

> ㉠ 밉다 하니 업자 한다.
>   └ 미운 자가 더 미운 짓을 함을 비유적으로 이르는 속담
> ㉡ 구르는 돌은 이끼가 안 낀다.
>   └ 부지런하고 꾸준히 노력하는 사람은 침체되지 않고 계속 발전한다는 말.
> ㉢ 못 오를 나무는 쳐다보지도 마라.
>   └ 불가능한 일은 일찌감치 단념하라는 속담
> ㉣ 할아버지, 저녁 준비는 아까 다 되었어요.

① 부정 표현이 쓰인 것은 ㉡과 ㉢이다. '안' '마라'

② ㉠, ㉡, ㉣은 평서문, ㉢은 명령문이다.

③ ㉠의 시간 표현은 현재, ㉣은 과거이다.

④ ㉣의 '되었어요'는 '되셨어요'로 바꾸어 써야 한다. '저녁 준비'는 높이지 않음.

⑤ ㉡은 '구르는 돌은 이끼가 끼지 않는다.'로 바꾸어 쓸 수 있다.
  └ 긴 부정문으로 바꾸어 쓸 수 있음.

11 다음 중 단어의 발음이 <u>잘못된</u> 것은 무엇입니까? (③)

● 음운과 음운 변동

음절의 끝소리 규칙, 자음 동화, 사잇소리 현상, 자음 축약, 구개음화 현상을 생각하며 단어를 바르게 읽어 봅니다.

오답 풀이

① 'ㅄ'의 첫째 자음 'ㅂ'이 남음.
② 'ㄱ'이 'ㅁ'을 만나 [ㅇ]으로 발음됨.
④ 합성어에서 울림소리 'ㄹ'이 안울림 예사소리 'ㄷ'을 만나 'ㄷ'이 된소리로 변함.
⑤ 'ㄷ'과 'ㅎ'가 만나 [ㅌ]가 [ㅊ]로 발음됨.

① 값[갑] 음절의 끝소리 규칙

② 학문[항문] 자음 동화

③ 종로[종료] 자음 동화[종노]
  ㅇ+ㄹ→[ㅇ]+[ㄴ]

④ 물독[물똑] 사잇소리 현상

⑤ 굳히다[구치다] 자음 축약, 구개음화

12 다음 밑줄 친 말 중 음운의 축약이나 탈락의 예가 <u>아닌</u> 것은 무엇입니까?

(③)

* 글의 종류: 시
* 글의 특징: 권태응 시인의 『산샘물』로, 말의 재미와 운율을 느낄 수 있는 시입니다.

● 음운과 음운 변동

자음 축약, 모음 축약, 자음 탈락, 모음 탈락에 해당하지 않는 것을 찾아 봅니다.

오답 풀이

① 자음 축약   ② 모음 축약
④ 모음 탈락   ⑤ 모음 축약

> 바위 틈새 속에서
> 쉬지 않고 송송송.
> [안코] ㅎ+ㄱ→[ㅋ] 모음 조화
>
> 맑은 물이 고여선
> [말근]
> 넘쳐흘러 졸졸졸.
> 넘치+-어→넘쳐 모음 조화
>
> 푸고 푸고 다 퍼도
> 푸+-어→퍼
> 끊임없이 송송송.
>
> 푸다 말고 놔두면
> 놓아
> 다시 고여 졸졸졸.
> 고이+-어→고여

① 않고

② 넘쳐

③ ~~졸졸졸~~

④ 퍼

⑤ 고여

초등 고학년 필수

지금,
국어 문법을
해야 할 때

|정답 및 풀이|